留学生教育理论与发展研究

董越　钟楚君　苏志均　著

中国纺织出版社有限公司

图书在版编目(CIP)数据

留学生教育理论与发展研究 / 董越, 钟楚君, 苏志均著. -- 北京: 中国纺织出版社有限公司, 2023.5

ISBN 978-7-5229-0664-5

Ⅰ. ①留… Ⅱ. ①董… ②钟… ③苏… Ⅲ. ①留学生教育一研究一中国 Ⅳ. ①G648.9

中国国家版本馆 CIP 数据核字（2023）第 098529 号

责任编辑：张 宏 责任校对：高 涵 责任印制：储志伟

中国纺织出版社有限公司出版发行
地址：北京市朝阳区百子湾东里 A407 号楼 邮政编码：100124
销售电话：010—67004422 传真：010—87155801
http://www. c-textilep. com
中国纺织出版社天猫旗舰店
官方微博 http://weibo. com/2119887771
天津千鹤文化传播有限公司印刷 各地新华书店经销
2023 年 5 月第 1 版第 1 次印刷
开本：787×1092 1/16 印张：7.5
字数：124 千字 定价：98. 00 元

前　　言

留学生教育是我国高等教育国际化的重要组成部分。在中华人民共和国成立至今七十余年的时间里，留学生教育不断发展，留学工作更是成为扩大我国国际影响、增强我国软实力的重要组成部分。留学生教育已成为培养国家优秀人才的重要平台，成为世界了解中国的重要窗口，也成为推进中外教育务实合作的重要渠道。

为了推进留学生教育的持续健康发展，我国先后出台了《关于做好新时期教育对外开放工作的若干意见》《学校招收和培养国际学生管理方法》《来华留学生高等教育质量规范（试行）》等相关政策，从制度政策方面支持留学生教育的发展。同时，我国留学生事业的快速发展离不开高校的共同努力。不少高校重视留学生教育，并结合自身的特点和优势，与时俱进，改革创新，为吸引留学生搭建了良好的平台。

为了鼓励和推进留学生教育的深入开展，作者结合工作实践，开展了关于留学生教育与发展的研究，对留学生、留学生教育、留学生教育的历史发展和现状等方面进行了积极探索。

本书共分为五章。第一章阐述了全球人才竞争中的国际学生；第二章阐述了留学生教育的历史发展和现状；第三章阐述了留学生教育的保障机制；第四章阐述了留学生教育与教育国际化；第五章阐述了留学生教育与现代科技结合发展。

希望本书能够帮助更多人了解留学生教育发展现状，积极开展研究，为我国留学生教育研究的持续开展打下坚实的基础。由于作者的时间和水平有限，书中难免存在不足之处，敬请广大读者给予批评指正。

作　者

2023 年 3 月

目　　录

第一章　全球人才竞争中的国际学生

第一节　全球化时代的“第一资源”

一、全球化推动人才跨国流动

全球化时代是一个世界各国关联性不断增强的时代。20 世纪中后叶，特别是自 90 年代中后期以来，在新技术革命的推动下，商品、资本、技术、服务等要素的国际流动阻碍越来越少，使各国经济更加紧密地联系在一起。人们在这种关联性中嗅到了生存和发展的机遇，于是借助便利的交通，往来于不同国家间，由此，人员国际流动的规模迅速扩大。

据统计，自 1970 年以来，全球国际移民数量和比重均稳步攀升。截至 2019 年，全球 77 亿人口中有 2.72 亿国际移民，相当于每 30 人中即有 1 位国际移民；国际移民占世界人口的比例保持在 2.2% ~3.5%，且自 2000 年以来有加速提升趋势，如图 1 - 1 所示。另外，国际移民中处于工作年龄（20 ~64 岁）的国际移民常年占据主导位置，2019 年时比例达到 74%；而出国务工人员 2017 年时约为 1.6 亿，约占当时国际移民总数的 60%❶。

❶ 没有 2017 年全球国际移民的数据，此比例是依据 2015 年和 2019 年数据进行推算的数值。

这说明大多数国际移民都是“可用之才”。全球化时代人口的跨国流动，在很大程度上是人才的跨国流动。

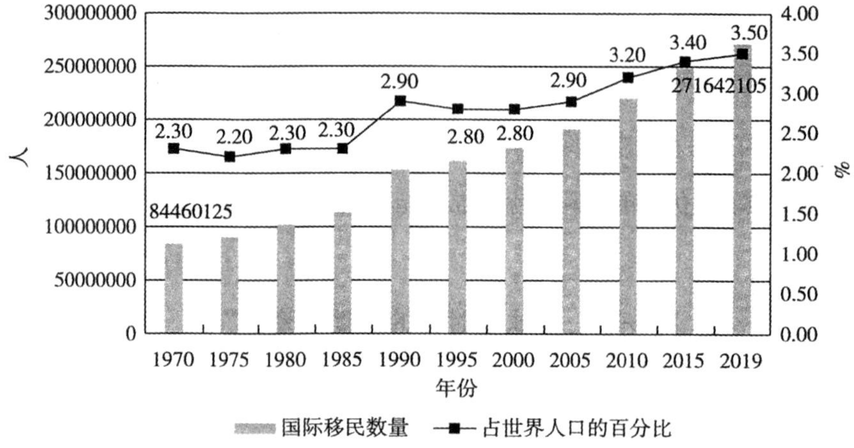

图1－1　全球国际移民数量和占世界人口的比例变化趋势

资料来源：依据联合国移民署《世界移民报告》，全球化智库（CCG）译，联合国移民署驻华代表处2020年版，第21页中表1数据整理而得。

二、全球化凸显人才资源价值

全球化时代也是知识经济兴起的时代。以信息技术为核心的科技革命的迅速发展，为跨国公司的经营提供了条件，也加快了全球经济的重新分工，使各国面临产业结构的调整。同时，科技革命还造就了大批高科技产业，并不断渗透到旧的工业体系中，使知识在经济发展中的贡献率不断提高。在这一背景下，在知识生产上占有优势的国家更倾向于从事高科技、高效益、高利润、低污染、低耗能的产业；而知识上较为落后的国家则反之，在国际分工中也处于弱势地位。

知识经济与传统经济的不同之处在于其发展不取决于物质、资本的规模和增量，而是依赖于知识的积累和利用。虽然知识不会枯竭，但知识的生产者和载体——人才是稀缺的，特别是接受过高等教育的人才。即使目前全球处在所谓的“高等教育大众化”阶段，2019年时毛入学率也仅为38.85%，且发达国家和发展中国家差距极大。

因此，若要在经济全球化中占得先机，人才就是决定性要素。正如习近平总书记曾提到的那样，“人才资源是第一资源，也是创新活动中最为活跃、最为积极的因素。要把科技创新搞上去，就必须建设一支规模宏大、结构合理、素质优良的创新人才队伍”。简言之，把握住人才，也就把握住了全球化时代发展的“命门”。

三、全球化加剧国际人才竞争

哈佛大学商学院教授迈克·波特（Michael Porter）在他的《国家竞争力优势》一书中提及，当全球进入知识经济和信息化时代，人才才是解决发展瓶颈、提升国际竞争力优势的关键所在。全球化时代人才的跨国流动给各国带来的不同影响加剧了人才竞争。对于人才接纳国来说，吸引人才虽然需要付出一些成本，但引进的人才会带来资本、知识和技能方面的积极影响，或创造潜在的就业机会，进而使该国公民获益。对于人才输出国来说，长期人才外流会造成经济产出、财政支出的损失。如果因为长期移居国外而造成人才永久流失，将对国家造成无法挽回的财富和技术损失，甚至会导致国家错过发展机遇，阻碍发展进程。

为了更好地维持国家经济发展与创新活力，各主要发达经济体相继制定和实施了吸引人才的政策，如美国的“面向21世纪的人才竞争力计划”、德国的“洪堡教席奖”、加拿大的“创新伙伴项目”、以色列的“卓越研究中心计划”，以及日本的“创新25战略”等。

人才资源还成为衡量一个国家竞争力的重要指标，出现了“全球人才指数”（Global Talent Index）、“世界人力资本指数”（World Human Capital Index）、“全球人才竞争力指数”（Global Talent Competitiveness Index）等排名体系。欧洲工商管理学院（INSEAD）及其合作伙伴发布的《全球人才竞争力指数报告》显示，在2013年至2020年，中国排名在41～54名浮动，远远低于瑞士、新加坡、英国、美国等国家，如表1－1所示。

表1－1　全球人才竞争力指数情况

年份	国家数/个	前三名国家	中国排名
2013	103	瑞士、新加坡、丹麦	47
2014	93	瑞士、新加坡、卢森堡	41
2015—2016	109	瑞士、新加坡、卢森堡	48
2017	118	瑞士、新加坡、英国	54
2018	119	瑞士、新加坡、美国	43
2019	125	瑞士、新加坡、美国	45
2020	132	瑞士、美国、新加坡	42

资料来源：依据2020 Global Talent Competitiveness Index, Rankings on GTCI overall and by pillar, viewed December 2020，资料整理而得。

第二节　关于国际学生的多国之争

一、“国际学生”及相关术语辨析

在人才竞争中，各国除了加紧对于成熟型人才的吸引，还将注意力投向了正在学习和成长中的国际学生。以发展的眼光来看，国际学生在留学生活中拓宽了视野，锻炼了国际交流能力，自身还拥有本国学生所不具备的异国知识和人脉，因此具备成为全球化时代各国所需人才的巨大潜力。

根据经济合作与发展组织（Organization for Economic Co-operation and Development，OECD）的定义，“国际学生”（international student）通常指那些离开来源国（country of origin），❶ 为了学习目的而迁移至另一个国家的人。在中英文文献中，“国际学生”易与“海外学生”（overseas student）、“外国学生”（foreign student）、“国际流动学生”（international mobile student）、“入境学生”（inbound student）、“出境学生”（outbound student）、“学分留学生”（credit-mobile student）以及“留学生”“留学人员”“来华留学生”“访问学者”“港澳台学生”等术语混用。事实上，这些术语间存在或大或小的差异。

英文语境中，较之于“海外学生”，“国际学生”更常见，也更正式。依据 OECD 的定义，“外国学生”是指那些在某国就读的非该国公民，包括那些长期居住，甚至出生在该国的学生，比“国际学生”的范围更广。“国际流动学生”（international mobile student）是联合国教科文组织（United Nations Educational，Scientific and Cultural Organization，UNESCO）在2006年《全球教育概览》（*Global Education Digest*）中提出的术语，与 OECD 对于“国际学生”的定义相同。“入境学生”和“出境学生”分别指两种流向的国际学生。有时，“国际学生”单指“入境学生”，以与出境留学的本国学生区分。“学分留学

---

❶ 判断一个在高等教育阶段就读的学生的“来源国”，应依据其“先前教育国家”（country of prior education）或“常住国”（country of permanent or usual residence）情况。“先前教育国家”即学生获得当前入学阶段就读资格时所在的国家。如果这一数据难以获得，还可根据其“常住国”判断。不过，对于“常住国”的定义，各个国家有所不同。

生”（credit-mobile student）即虽在母国注册，但前往另外一个国家获取部分学分的留学生。

中文语境中，“留学生”和“留学人员”是常用词，近几年，受英文习惯影响，“国际学生”的说法越来越普遍。严格来说，虽然此三者既可以指“入境学生”，也可以指“出境学生”，但与国外情况相似，国内官方文件或新闻提及“国际学生”时，通常将其等同为“入境学生”，更常见的是将其称为“来华留学生”或“外国留学生”。但是，“国际学生”“来华留学生”“外国留学生”三者含义略有差别。

据2017年发布的《学校招收和培养国际学生管理办法》（以下简称“办法”），“国际学生”指的是：“根据《中华人民共和国国籍法》不具有中国国籍且在学校接受教育的外国学生”，而此处的“学校”，为“中华人民共和国境内实施学前教育、初等教育、中等教育和高等教育的学校”。该“办法”发布后，教育部、外交部、公安部于2000年1月31日发布的《高等学校接受外国留学生管理规定》、教育部于1999年7月21日发布的《中小学接受外国学生管理暂行办法》同时废止。因此，也可以看作官方倾向于将“外国留学生”的说法替换为“国际学生”。

“来华留学生”则一般指高等教育阶段的“国际学生”。另需注意的是，“来华留学生”不包含“港澳台学生”。“港澳台学生”是中国“一国两制”体制下的特有产物，虽然有时也被当作留学生、留学人员、交流生或访问学者，但根据教育部“来华留学工作简介”以及从历年来华留学生统计方法来看，来华留学生一般不包括来自台湾省和香港、澳门特别行政区的学生。另外，“来华留学生”包括“学历来华留学生”和“非学历来华留学生”两种，如表1－2所示。

表1－2　来华留学生的类型

类型	次级类型/含义
学历来华留学生	专科留学生、本科留学生、硕士研究生和博士研究生
非学历来华留学生	高级进修生：具有硕士及以上学历学位、就某一专题来华留学的学生
	普通进修生：具有大学二年级以上学历的来华进修留学生
	语言进修生：以学习、提高汉语水平为目的的来华留学生
	短期留学生：学习期限少于一个学期的来华留学生

资料来源：依据教育部国际合作与交流司《来华留学生简明统计》（2018），“说明”第一段整理而得。

中文语境中还有“交流生”的说法，虽然与英文中的“学分留学生”极其相似，但是跨境参加假期学校或短期会议，但不获取学分的学生，也被一些国内高校统计为“交流生”。

此外，中英文语境中提到的“访问学者”（visiting scholar）大多数情况下仅指跨境访问的高校教师或研究人员，也包括硕士研究生、博士研究生，有时与“交流生”或是“学分留学生”存在重合的部分。

鉴于本书做了大量的国际比较，因此行文中尽量采用“国际学生”这一国际上较为普遍的术语。本书中的“国际学生”是指：在高等教育阶段，为了学习目的从他国迁移至本国的人。

为了避免误解，笔者有必要对这一定义做几点强调或澄清：第一，本书关注的是高等教育阶段的学生。第二，“从他国迁移至本国”意味着此人没有求学国国籍，且属于入境学生。第三，本书仍然保留了国内一些文件或案例中所采用的“外国留学生”“来华留学生”的说法，不过大多数情况下其与本书对“国际学生”的定义是一致的。

二、典型国家吸引国际学生的目标

为了吸引国际学生，大多数热门留学目的国都设定了量化目标。例如，英国在2019年3月时宣布要招收60万名国际学生❶；法国计划2025年时招收国际学生数量达到50万人；2014年时加拿大政府设立了2022年时招收国际学生（各个教育阶段）数量达到45万人的目标，但在2017年就已达成；德国2013年时设立了到2020年时招收国际学生（各个教育阶段）数量达到35万名的目标，但也是在2017年时就已达成。美国虽未设定量化目标，❷ 但美国官员表达了美国将继续扩大招收国际学生规模的意图。

一些新兴留学目的国也设置了扩大吸引国际学生的目标。例如，日本在2008年时设立了到2020年实现招收30万名国际学生的目标，并提升国际学生的就业率至50%。印度在2018年4月时宣布了在2023年时招收20万国际学生的目标。

我国也曾于2010年9月出台的《留学中国计划》中提出吸引国际学生的目标，即“到2020年，全年在内地高校及中小学校就读的外国留学人员达到50万人次，其中接受高等学历教育的留学生达到15万人”。这一目标与法国和加拿大设定的目标水平类似，但

❶ 如未单独说明，均指高等教育阶段的国际学生。

❷ 美国2018年时国际学生数量为1094792人。

在新兴留学国家中属较高水平。

三、典型国家吸引国际学生的策略

近十几年，热门留学目的国和新兴留学目的国颁布了大量与国际学生有关的政策，其中，大多数政策都致力于吸引国际学生。世界知名国际学生流动研究项目“门户开放”（Open Doors）和“地图集项目”（Project Atlas）的负责人哈吉卡·班达瑞（Rajika Bhandari）博士在2019年发布的报告中对一些国家近几年与国际学生有关的政策进行了梳理（表1-3），并将其政策内容大致归为“提供职业培训和实习机会”“提升教育质量”“降低技术移民难度”“提供资金支持”“改革课程和教学方式”五大类，如表1-4所示。

表1-3 血型国家近几年与国际学生有关的主要政策

国家	年份	政策名称
美国	2008	延长STEM学科OPT至17个月
	2014	“美洲十万强计划”（10000 Strong in the Americas Initiative）
	2016	延长STEM学科OPT至24个月
英国	2010	收紧学生签证政策
	2012	进一步收紧签证政策
	2013	《国际教育：全球成长与繁荣》（*International Education: Global Growth & Prosperity*）
澳大利亚	2013	《国家国际教育策略2025》（*National Strategy for International Education* 2025）
加拿大	2013	“全球市场行动计划”（The Global Markets Action Plan）
法国	2018	“法国欢迎你”（Bienvenue en France）
德国	2013	“2020年执政联盟条约”和“德国学术交流中心（DAAD）2020年策略”
新西兰	2018	《国际化策略（2018—2030）》（Internationalization Strategy 2018—2030）
中国	2010	《国家中长期教育改革和发展规划纲要（2010—2020）》
	2016	《推进共建“一带一路”教育行动》
日本	2008	“30万留学生计划”
	2012	“重塑日本项目”（Re-Inventing Japan Project）
	2014	“顶级全球性大学项目”（Top Global University Project）
爱尔兰	2016	《教育连通全球：爱尔兰国际教育战略（2016—2020）》（*Irish Educated, Globally Connected*, 2016—2020）
马来西亚	2013	《国家教育蓝图（2013—2025）》（*National Education Blueprint*, 2013—2025）
印度	2018	《留学印度》（*Study in India*）

资料来源：依据Rajika Bhandarr, Global Competition for Talent: A Comparative Analysis of National Strategies for Attracting International Students, October 2019, pp. 16-44整理而得。

表1-4 典型国家吸引国际学生的政策分类

国家	提供职业培训和实习机会	提升教育质量	降低技术移民难度	提供资金支持	改革课程和教学方式
美国	✓	✓			
英国		✓	* ①		
加拿大		✓	✓	✓	✓
爱尔兰	✓	✓	✓		
澳大利亚	✓	✓	✓	✓	
新西兰		✓	✓		
中国	②	✓		✓	✓
马来西亚		✓			✓
日本		✓		✓	✓
印度		✓	*	✓	
德国	✓	✓	✓	✓	✓
法国	✓	✓	✓	✓	✓

①表中的星号（*）表示既有促进的政策，也有阻碍的政策。

②事实上，报告发布时，中国已有“提供职业培训和实习机会”相关政策。

资料来源：依据 Rajika Bhandari，Global Competition for Talent：A Comparative Analysis of National Strategies for Attracting International Students，October 2019，p. 11 资料整理而得。

由表1-4可知，“提升教育质量”是吸引国际学生最重要的举措。其次是“提供资金支持”和“改革课程和教学方式”，前者主要指提供奖学金或学费补贴，后者主要指非英语国家开设英语课程。另外，对于一些西方国家来说，其作为留学目的地的吸引力很大一部分源于国际学生拥有在当地工作及技术移民的机会——为了解决劳动力不足或缺乏某个领域技术人员的问题，不少国家为国际学生“提供职业培训和实习机会”，并“降低技术移民的难度”。但其中“降低技术移民的难度”这一政策并不稳定，以英国为例，该国在2008年时引入“留学后工作”（post study work）签证，2012年时又将其取消，2019年时又再次宣布重启。

四、中国的国际学生“赤字”

在全球国际学生竞争中，中国是最大的国际学生来源国。Project Atlas 项目2019年发布的报告显示，中国是美国、英国、德国、澳大利亚、新西兰、日本国际学生第一大来源国，是俄罗斯、挪威、芬兰、瑞典、荷兰、法国、加拿大国际学生前五大来源国之一。虽然我国同时也是世界第三大、亚洲最大的国际学生接收国，但近十几年，出国留学人数和来华留学人数的差距呈逐渐扩大趋势，如图1-2所示，2018年，这一差距首次超过100

万人，形成了巨大的国际学生“赤字”。可见，中国在全球国际学生之争中尚处于劣势。

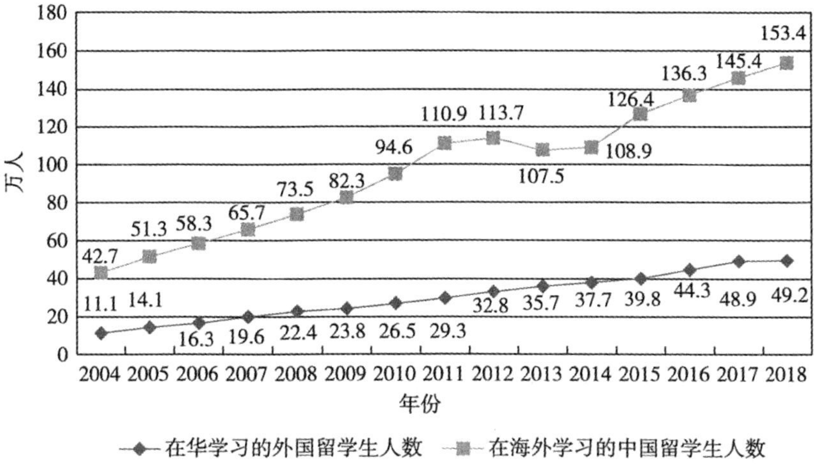

图 1－2　出国留学人数与来华留学人数差距变化情况（2004—2018 年）

资料来源：依据 2004—2018 年中国教育部来华留学生统计和留学人员统计数据整理。

第三节　国际学生的多重价值

一、国际学生的经济价值

国际学生的经济价值包含其向留学目的国支付的高昂学费及其在留学目的国住宿、零售、交通、健康保险等领域的消费，国际学生的各类消费还常常能为留学目的国创造大量的工作岗位。

以老牌留学目的国英国为例，1979 年之前，英国政府每年需支付 1 亿英镑资助留学生。1979 年后，为了振兴经济，撒切尔政府决定削减公共开支，逐渐取消对国际学生的统一资助，推动国际学生全费政策。这一政策虽然造成国际学生数量短暂下降的情况，但很快就使国际学生变成英国经济增长的重要动力。据统计，2015—2016 年度单是国际学生新生就为英国贡献了 226 亿英镑，其中 175 亿英镑来自非欧盟学生，51 亿英镑来自欧盟学生。以最热门的留学目的国美国为例，2018 年度，国际学生为美国经济贡献了 447 亿美元，提供了 46 万份工作。而对于澳大利亚来说，为国际学生提供的教育服务已成为该国第三大出口物，2017—2018 年度贡献了 324 亿澳元，提供了 24.2 万份工作。

二、国际学生的政治价值

国际学生的政治价值体现在留学目的国的政治影响力或“软实力”。因此，资助来自发展中国家的国际学生接受高等教育，也是承担国际责任、参与全球治理、构建人类命运共同体的实践方式。

三、国际学生的社会价值

当前，全球经济发展步伐放缓，世界发达经济体面临着人口增长率持续下降，人口老龄化日益严重等社会问题，可持续发展面临着严峻挑战。据联合国预计，世界人口总数到 2030 年将达到 85.01 亿人，2050 年为 97.25 亿人，2100 年为 112.13 亿人。其中，人口增长多发生在发展中国家，尤其是欠发达地区。亚洲人口目前虽然最多，但将呈先增后降趋势，2050 年是个拐点；非洲将是人口持续上涨且增幅较大的地方，到 2100 年总人口数将逼近亚洲；欧洲人口呈小幅稳步下降趋势，到 2050 年会比现在减少约 3000 万人；拉美、北美、大洋洲均呈小幅上涨趋势。中国虽然目前是人口最多的国家，但印度 2030 年人口将达 15.28 亿人，超过中国的 14.15 亿人，到 2050 年会比中国多出 3.5 亿人，到 2100 年会比中国多出 6 亿人。就人口结构而言，到 2050 年，欧洲、美国、日本、中国都可能出现老龄化状况，每 4 人中就有 1 人是老人。不少进入老龄化的欧美国家以及日本都将吸引国际学生作为补充国内人力资源的方式，且这些国际学生大多来自发展中国家。

虽然当经济下行、就业环境恶化时，常常有人对引进外籍人士持否定态度，但有专家指出，剥夺国际学生实习、就业权利对于缓解劳动力市场压力并无助益，那些认为国际学生抢夺了本土就业机会的人忽视了全球化时代各国经济相互联系和依赖的特点。换句话说，在全球化时代，国际学生进入就业市场，可以与本土学生一起在更广阔的市场上把“蛋糕”做大，从而创造更多的就业机会。

四、国际学生的文化价值

自古以来，国际学生一直扮演着文化使者的角色，促进着各国的文化融合和创新。唐朝极盛时期，来自日本的留学生或“遣唐使”多数在唐朝受到礼遇，返国时携带的经典和诗书也都被日本朝野珍藏，由此被称为“唐代文化移植者”。据王定保的《唐摭言》描绘，除日本外，高丽、新罗、百济、高昌、吐蕃诸国酋长亦遣子弟赴唐留学。“国学之内，八千余人；国学之盛，近未有。”这些赴唐留学的国际学生不仅丰富了唐文化，也在其返回时将更加包容多元的唐文化带回本国，使中国在随后几千年内对东亚、东南亚地区产生了深远的文化影响。

在欧洲大陆，国际学生的文化价值也同样受到重视。在著名的国际学生流动项目——“伊拉斯谟 +”（Erasmus +）中，保护欧洲文化遗产被列为项目的重心之一。该项目不仅帮助学生出国参与文化遗产保护相关志愿活动，而且支持大学通过设立联合硕士学位项目开展文化遗产保护和传播方面的教学，以为塑造一个更加团结的欧洲奠定人文基础。

五、国际学生的教育价值

一般认为，高校通过吸引国际学生，可以使校园更加多元化，有助于国际学生与本土学生、国际学生与教师之间的交流，帮助学生们形成多元友好的世界观，提升教学质量。所以，国际学生数量成为衡量大学水平或城市教育吸引力的重要标准。例如，QS 世界大学排名（QS）即将“国际学生占比”列为指标之一，QS 的“最佳学生城市”排名的“学生多样性”指标中也将国际学生数量和占比考虑在内。

但是，正如国际教育研究专家简·奈特（Jane Knight）所指出的那样，简单地相信国际学生数量越多校园就会越国际化，是长久以来的一个误解。很多大学的国际学生都感觉在社交和学习中处于边缘化的状态，所以国际学生之间更倾向于形成一个小团体，难以与留学目的国有深入的交集。要真正实现国际学生的教育价值，还需要帮助国际学生克服语言障碍、交流习惯差异、处于异文化中的紧张感等困难，加强其与本土学生和教师的交流。

第四节　国际学生的全球流动趋势

一、总体趋势

为了记录国际学生全球流动趋势，联合国教科文组织统计局（UNESCO Institute for Statistics，UIS）收集了自 1998 年以来的全球国际学生数据。21 世纪初，全球国际学生数量增速出现了爆发式增长，在随后的 20 年，虽然增速迅速放缓，但全球国际学生总数一直呈增长态势，截至 2017 年，已达 531 万人，近十几年年增长率大致在 1% ~7%，且呈周期性变化特征——大约每七年为一周期。也就是说，全球国际学生总数增长速度虽然可能在某一时期有所降低，但增长速度很有可能还会反弹，如果没有影响深远的突发性全球事件，全球国际学生总数持续增加是大势所趋。

二、区域差异

从全球各地区入境学生总数和增长情况来看，北美和西欧国家是对国际学生最具吸引力的国家，2017 年时，北美和西欧国家入境学生人数达 276.59 万人。虽然东亚和太平洋地区国家入境学生数排第 2 位，但与北美和西欧国家相比少近 170 万人。虽然中亚国家以及南亚和西亚国家入境学生总数相对较少，但是如果从增长倍数来看，在 2004—2017 年，南亚和西亚国家入境学生数增长倍数最大，达 2.28 倍。中国所在的东亚和太平洋地区入境学生总数在 2004—2017 年间增长了 1.43 倍，如表 1－5 所示。

表 1－5　各地区入境学生数和增长倍数（2004—2017）对比

地区名称	2004 年入境学生数/万人	2017 年入境学生数/万人	增长倍数
阿拉伯国家	23.18	33.11	1.43
中欧和东欧	34.82	66.14	1.90
中亚	4.39	4.99	1.14
东亚和太平洋	75.90	108.48	1.43
拉美和加勒比海	14.91	20.97	1.41
北美和西欧	208.34	276.59	1.33
南亚和西亚	3.02	6.88	2.28
撒哈拉以南的非洲	13.13	13.76	1.05
小岛屿发展中国家	11.25	10.99	0.98

①仅指高等教育阶段的国际学生；

②学生数为四舍五入后保留两位小数的结果；

③UIS 2004 年以来各地区入境学生数据较为全面，但包含大量估计数值；

④采用了 UIS 的区域划分方式。

资料来源：依据 UIS，Education：Inbound internationally mobile students by continent of origin，viewed June 2020，资料整理而得。

三、主要留学目的国

美国国际教育局（Institute of International Education，IIE）2019 年发布的报告显示，过去 20 年间，世界最主要的留学目的国是美国和英国，如图 1－4 所示，其中，美国吸引了全球 20% 以上的国际学生，是世界第一大留学目的国，英国吸引了全球约 10% 的国际学生，排名第二。不过，2018 年与 2001 年相比，美国、英国、德国、澳大利亚吸引的国际学生比例均有较大幅度降低，国际学生留学目的国更为多元。中国和加拿大在 2001 年时并未上榜，但 2018 年时，中国已跃居世界第三大、亚洲第一大留学目的国，加拿大则跃居全球第四大留学目的国，如图 1－3 所示。

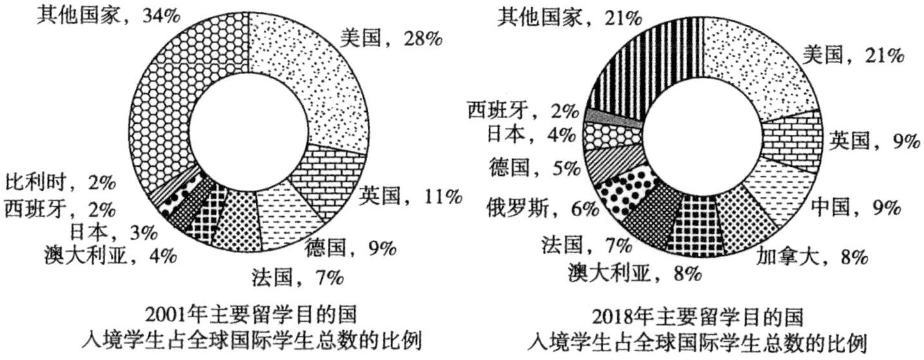

图 1－3　2001 年和 2018 年全球十大留学目的国入境学生占全球国际学生总数的比例

①报告为 2019 年发布，但采用的是 2018 年的数据；

②2019 年排名中，中国国际学生总数（492185 人）略低于英国（496570 人）。

资料来源：依据 IIE，2019 Project Atlas Infographics，viewed July 2020，资料整理而得。

第二章　留学生教育的历史发展和现状

来华留学生教育是促进中外教育合作与交流、扩大我国教育对外开放以及实现“一带一路”倡议目标的重要途径。大力发展来华留学生教育有利于巩固我国与世界各国之间的政治互信、外交往来、经贸关系、文化交流、教育合作，提升我国的国际形象，推动人类和平进程。新中国的来华留学生教育始于 1950 年，随后经历了由局部到整体、从短期留学到各层次全覆盖、从规模扩张到内涵式建设的发展历程。来华留学生教育历经 70 余年的发展，现已成为全球国际学生流动的重要组成部分，不仅强化了我国与其他国家的文化交流及友好往来，提升了中国传统文化和高等教育的国际影响力，同时为全球培养了大量的专业人才，为我国营造了更加友好的国际环境。系统回顾了中华人民共和国成立以来，尤其是改革开放 40 年来来华留学生教育的发展历程、基本状况和主要问题，有利于推进来华留学生教育的高效、均衡和可持续发展。

第一节　留学生教育的历史发展

中华人民共和国成立以来，我国来华留学生教育经历了四个主要发展阶段。一是起步探索阶段（1950—1978 年），从中华人民共和国成立到改革开放是我国来华留学生教育的艰难摸索和早期发展阶段。二是稳步扩大阶段（1979—1998 年），从改革开放到 1998 年，这一时期的来华留学生教育在规模、层次、国别、教育质量上都有了很大发展；我国对来华留学生教育的经费支持经历了从无到有、从少到多、从窄到宽的发展过程，来华留学生教育在促进文化交流等方面发挥了积极作用。三是快速发展阶段（1999—2010 年），从高校扩招到 2010 年，来华留学生教育规模扩大、质量提高且管理更加规范有序，逐步成为建设世界一流大学的重要组成部分。四是内涵式发展阶段（2011—2017 年），从 2011 年到“新时代”，这一时期来华留学生教育制度和环境持续优化，来华留学生数量迅猛增加，在促进扩大我国高等教育的世界影响力等方面发挥了突出作用。

一、起步探索阶段：从中华人民共和国成立到改革开放

从中华人民共和国成立到 1978 年改革开放，我国来华留学生教育在发展任务上具有显著的政治属性和援助性质；发展规模上总体偏小，处于起步阶段，且生源国数量也偏少；管理模式主要采取集权管理。1966 年至 1972 年，我国来华留学生教育被迫中断。1973 年，我国外交部、国务院科教组专文请示国务院，开展接收留学生工作，来华留学生教育工作得以恢复。基于以上原因，本部分将来华留学生教育的起步探索阶段划分为 1950—1965 年和 1973—1978 年两个时间段进行分析。

第一，发展任务上具有显著的政治属性和援助性质。从中华人民共和国成立初期到改革开放前（1950—1977 年），我国发展来华留学生教育事业主要是为了履行国际主义义务以及为建交的国家培养人才，这一时期留学生的国际流动成为我国与国外建立文化及友好往来的重要通道，培养单位主要单纯从政治目标出发，将完成来华留学生教育工作，作为中国对外文化政策的任务和荣誉。中华人民共和国成立初，我国的外交属于困难时期，发展来华留学生教育为我国持续巩固社会主义制度、抵制西方资本主义国家的敌视，同时争取有利的国际环境发挥了重要作用。从留学生来源情况看，由于特定形势下来华留学生教育政策理念相对封闭，来华留学生主要来源于社会主义阵营的朝鲜、越南等国家，其中，公费生是来华留学生主体，而当时我国对资本主义国家留学生则严格限制。1956 年，国务院批准《关于接受资本主义国家派遣留学生来我国学习的修改意见》，改变了来华留学生教育向社会主义国家一边倒的政策，招生对象及相关政策逐步将资本主义国家纳入其中。1971 年，我国恢复了在联合国的合法席位，这是我国外交上的重大突破和发展契机，我国开始与大量国家建交，来华留学生教育政策理念也随之进一步开放。

第二，发展规模总体偏小，来源国家有限。在中华人民共和国成立之初，来华留学生的接受、培养和管理主要依照双边协定执行。由于中华人民共和国成立初期我国的政治和

外交策略呈现亲苏“一边倒”特点，主要与苏联以及原东欧社会主义国家建立了密切往来，这些国家也成为来华留学生的主要生源地。因此，在当时的历史条件下，接受留学生的范围限制无形中也制约了来华留学生教育规模的发展。

1954 年 4 月，29 个亚非国家和地区的政府代表团在印度尼西亚万隆召开了“亚非会议”，也称“万隆会议”，万隆会议主要探讨了维护和平、争取民族独立、发展民族经济、抵制当时国际社会出现的殖民主义和新殖民主义等与会国国家关心的共同问题，万隆会议的召开推进了我国与非洲国家的互信及政治、经济、文化往来。万隆会议通过的《亚非会议最后公报》涵盖了与会国在经济合作、文化合作、人权和自决、附属地人民问题、促进世界和平与合作等多个方面所达成的共识。自此，我国与亚非拉发展中国家的交往得到加强，作为会议的积极成果之一，我国接受了亚非拉第三世界国家的留学生，且逐步吸引一定数量来自日本、美国、英国、法国等国家的留学生。随着我国外交环境的不断改善，我国先后与加拿大、联邦德国、英国等国家建立大使级外交关系，与美国的关系有所松动，与亚、非、拉美等第三世界国家的关系也获得了很大发展。

1950—1965 年的 16 年，我国共接受了来自 70 个国家的 7259 名留学生，分布在我国 128 个学校，154 个专业学习，且派遣来华留学生的主体是社会主义国家。1950—1965 年来华留学生的总人数变化如表 2 - 1 所示。这一阶段，欧美资本主义国家也派遣了少量来华留学生，比例仅占这一时期总量的 1.42%。

表 2 - 1 1950—1965 年来华留学生数量/人

年份	数量	年份	数量
1950	33	1958	90
1951	—	1959	259
1952	230	1960	437
1953	504	1961	471
1954	324	1962	241
1955	327	1963	162
1956	473	1964	229
1957	167	1965	3312
合计	7259		

资料来源：李滔《中华留学教育史录（1949 年以后）》，高等教育出版社 2000 年版，第 286 页。

1950—1965 年全球各大洲来华留学生总量呈现非均衡发展趋势。其中，亚洲始终占据主导地位，在五大洲中占比 86.7%，其次是欧洲 10%、非洲 2.5%，发展最不充分的是美洲和大洋洲，两大洲占比合计为 0.8%。由于 1958—1961 年我国遭遇“三年自然灾害”，人民群众的生活遭遇了新中国成立以来最严重的困难，我国来华留学生教育工作也受到制约。1958 年，来华留学生总人数大幅减少，仅有 90 人。1950—1965 年，全球各大洲来华留学生数量如表 2－2 所示。

表 2－2　1950—1965 年全球各大洲来华留学生数量/人

年份	各洲					
	亚洲	欧洲	非洲	美洲	大洋洲	合计
1950	—	33	—	—	—	33
1951	—	—	—	—	—	—
1952	213	17	—	—	—	230
1953	470	34	—	—	—	504
1954	273	51	—	—	—	324
1955	294	28	—	—	5	327
1956	424	45	—	4	—	473
1957	52	115	—	—	—	167
1958	66	22	—	—	2	90
1959	210	36	9	4	—	259
1960	309	20	102	6	—	437
1961	320	129	21	1	—	471
1962	155	83	—	3	—	241
1963	115	26	—	21	—	162
1964	181	37	10	1	—	229
1965	3217	57	37	1	—	3312
合计	6299	733	179	41	7	7259

资料来源：李滔《中华留学教育史录（1949 年以后）》，高等教育出版社 2000 年版，第 286 页。

随着来华留学生教育事业发展，来华留学生生源国类型从社会主义国家扩展到部分资本主义国家，但主要还是以社会主义国家为主。表 2－3 显示了 1950—1965 年来华留学生的主要生源国及其数量。主要生源国依次是越南、朝鲜、苏联、阿尔巴尼亚、蒙古、印度尼西亚等，这些国家派遣的来华留学生人数达到百人以上，其中，越南来华留学生的人数最多，依据表 2－3 的数据测算，在这一时期来华留学生总数中占比 72.3%。

表 2-3 1950—1965 年主要生源国来华留学生数量/人

年份	国别					
	越南	朝鲜	苏联	阿尔巴尼亚	蒙古	印度尼西亚
1950	—	—	—	—	—	—
1951	—	—	—	—	—	—
1952	—	209	—	—	3	1
1953	287	180	—	—	3	—
1954	253	10	18	2	2	8
1955	283	4	4	2	2	4
1956	396	4	3	4	9	5
1957	—	—	80	3	15	14
1958	12	19	10	—	20	10
1959	106	41	21	5	11	20
1960	253	4	—	4	28	1
1961	263	16	21	102	25	1
1962	133	1	20	47	9	1
1963	59	27	—	22	4	5
1964	115	—	13	—	—	19
1965	3092	31	18	3	—	22
合计	5252	546	208	194	131	111

资料来源：李滔《中华留学教育史录（1949 年以后）》，高等教育出版社 2000 年版，第 286-288 页。

根据官方发布的统计数据，1973—1978 年，我国共接收了来自 80 个国家和地区的 2498 名留学生。值得指出的是，在 1971 年我国恢复了在联合国一切合法权利的背景下，经过了近 10 年的发展，与我国正式建交的国家已达 154 个，这为来华留学生教育的进一步发展奠定了基础。

1973 年，我国恢复招收来华留学生，主要接收外国高中毕业或相当文化程度的学生来华留学，少量大学毕业程度的学生来华进修学习。1973 年，我国实际接收 43 个国家和地区的留学生 416 人，比国家教委计划内接收的留学生人数多出 33 人。在 1973—1978 年的 6 年间，各年国家教委计划内接收的来华留学生人数分别为 383、378、432、465、408、432 人，共计 2498 人，这一时期，来华留学生教育处于规模平稳发展的复苏阶段。

从区域分布上看，这一时期亚洲仍然占据主导地位，6 年间共计接收来华留学生 987 人，占据各大洲总量的 39.5%。与 1950—1965 年这一时间段来华留学生教育情况不同的是，这一时期欧洲、非洲来华留学生人数明显增长，根据表 2-4 的数据测算，欧洲与非洲的占比分别为 27.2%、24.7%，比 1950—1965 年的数量占比翻了一番。美洲和大洋洲的来华留学生人数也有所增长，分别占比 0.65%、0.28%。1973—1978 年，全球各大洲来华留学生数量情况如表2－4所示。

表2－4 1973—1978年全球各大洲来华留学生数量/人

年份	各洲					
	亚洲	欧洲	非洲	美洲	大洋洲	合计
1973	170	144	37	31	1	383
1974	199	95	61	10	13	378
1975	173	120	113	17	9	432
1976	188	97	144	20	16	465
1977	130	101	142	23	12	408
1978	127	124	121	40	20	432
合计	987	681	618	141	71	2498

资料来源：李滔《中华留学教育史录（1949年以后）》，高等教育出版社2000年版，第872－876页。

说明：本表统计数据为1973—1978年国家教委计划内接收的各大洲来华留学生人数。

1973—1978年，来华留学生的国别范围逐步扩大到英国、法国、意大利、苏丹、扎伊尔、刚果、乌干达、日本、巴基斯坦、巴勒斯坦、阿拉伯也门共和国、朝鲜、美国、加拿大、澳大利亚、新西兰等72个国家和地区，表2－5列出了1973—1978年来华留学生主要生源国及人数，其中来华留学生人数最多的国家是法国，达到151人，其他依次是日本、英国、加拿大、德国、意大利。来华留学生生源国范围扩大为后续来华留学生教育的均衡发展奠定了一定的基础，但总体来看，1950—1978年，全国30余所院校累计共接收的留学生仅有12800名，来华留学生人数有限，来源国国别范围不大，整体发展态势较为缓慢。

表2－5 1973—1978年来华留学生主要生源国及其人数/人

年份	国别					
	法国	日本	英国	加拿大	德国	意大利
1973	30	9	11	23	10	13
1974	15	28	9	10	12	8
1975	26	16	12	14	16	13
1976	25	18	15	14	16	13
1977	28	18	20	15	14	7
1978	27	36	29	11	17	13
合计	151	125	96	87	85	67

资料来源：李滔《中华留学教育史录（1949年以后）》，高等教育出版社2000年版，第872－876页。

从就读专业上看，来华留学生的专业选择不均衡。这一时期，来华留学生教育在摸索中前进，理工类专业受到来华留学生的关注，并逐步在科类结构中占据重要位置。统计数据表明，1967 年，来华留学生总数为 3746 人，学生的专业分布是理工科占 74.8%，农、医学科占 11.5%，财经学科占 6.2%，文、史学科占 5.1%，艺术类学科占 1.7%，体育学科占 0.7%。85%以上的学历留学生专业为理科、工科、农科和医科。1967 年的来华留学生学习专业类别统计如表 2－6 所示。自我国开展来华留学生教育以来，留学生对于汉语言及中国文化的学习热情一直十分高昂，语言和传统中华文化学习也是留学生的主要选择。

表 2－6　1967 年来华留学生学习专业类别统计/人

专业类别	理工	农、医	文史	财经	艺术	体育	总计
人数	2794	431	191	232	63	25	3736

资料来源：李滔《中华留学教育史录（1949 年以后）》，高等教育出版社 2000 年版，第 825 页。

最后，这一阶段来华留学生教育的集权管理体系初步形成。中华人民共和国成立初期，受国际政治形势的严重影响，我国与其他国家发展正常的国家关系受到阻碍，并成为影响我国来华留学生教育发展的决定因素之一。这一时期，我国政府对来华留学生教育的管理采取了高度集中的方式，管理过程较为具体、全面，管理范围几乎涉及来华留学生教育的全部工作。高等学校服从政策安排，以承担国家任务的形式招收留学生、对来华留学生进行培养教育，高校自主管理和决策的权力有限。在管理方式上主要有两种策略：一种策略是采取双边协议的方式实施来华留学生教育政策。政策内容主要涉及接收留学生的数量、条件、院校、学习内容和年限、提供的费用、入学时间等具体规定和要求。双边协议的方式在特定的历史条件下发挥了重要作用，对于推进来华留学生教育事业发展、打开工作局面起到了积极的推动作用。另一种策略则是基于地缘政治的考虑接收来华留学生。随着国际形势的不断变化和新中国外交工作的不断进展，来华留学生教育政策的取向也不断扩展，除了协议接收和互换留学生外，我国开始接收其他周边国家、非洲和拉美国家，以及少数资本主义国家的留学生，虽然总体规模较小，但是仍为后来的来华留学生教育的发展奠定了基础。

二、稳步扩大阶段：从改革开放到 1998 年

1978 年 12 月，中国共产党第十一届中央委员会第三次会议在北京举行，这次会议拉开了中国改革开放的序幕。自此，我国开始实施对内改革、对外开放的政策，全国上下进入了全新的发展时期，来华留学教育发展的国际国内环境逐步改善。改革开放之后，来华留学生教育进入快速发展时期，这是我国来华留学生教育发展历程的重要分水岭，来华留学生教育逐步走上了制度化和规范化的发展道路，规模持续扩大，层次结构优化，各种规章制度逐步建立和完善，实现了跨越式发展，在促进文化交流等方面发挥了积极作用。

（一）来华留学生教育的发展目标趋于多元化

改革开放之后，我国的对外开放成效突出，国际地位不断提升，国际社会希望了解中国，与中国进行经济贸易、社会文化、教育学术交流的人越来越多，这为来华留学生教育发展营造了良好的环境。这一时期，来华留学生教育的发展目标由单纯的政治需要向为国家外交、改革开放、经济建设、教育改革服务转变。不同于20世纪50年代以政治外交、对外援助为主要动力的发展方式，来华留学教育逐步迎来社会文化、经济利益与政治外交等多因素推动的新局面。1982年3月，《国务院关于批转教育部、外交部、公安部关于安排外国进修生和研究学者有关问题的请示的通知》中指出："接受外国留学生和研究学者，对促进我国对外文化教育交流、增进我国人民同各国人民间的友谊、扩大我留学生的派出工作、促进我高等院校学术水平的提高都是有利的。各单位应采取积极态度，认真做好这项工作。"这一政策深刻改变了以往将接收留学生视为自身国际主义责任及义务的倾向，是来华留学生教育政策的一次重大调整。这一时期，广泛的文化交流、新的高等教育体制的建立、经济的快速发展等多个要素推动了来华留学生教育的发展。

（二）来华留学生教育规模持续扩大

改革开放初期，我国正处于恢复正常政治秩序和经济秩序的时期，高等教育也逐步恢复教学秩序。改革开放后，意识形态领域的分歧不再是来华留学生教育的障碍或入学门槛条件，招生对象涵盖全球学生，来华留学生规模持续扩大。1979年，我国开始扩大来华留学生招生计划，并学习国外的先进科学技术和管理经验。1979—1992年，国家教委计划内接收的来华留学生人数共计18142人，具体如表2－7所示。

表2－7　1979—1992年来华留学生数量/人

年份	数量	年份	数量
1979	440	1986	1777
1980	576	1987	1707
1981	744	1988	1852
1982	866	1989	1393
1983	1043	1990	1484
1984	1286	1991	1735
1985	1583	1992	1656
合计	18142		

资料来源：李滔《中华留学教育史录（1949年以后）》，高等教育出版社2000年版，第872页。

说明：本表统计数据为国家教委计划内接收的来华留学生数量。

这一时期，从全球各大洲的来华留学生生源情况看，欧洲处于主体地位。1979—1992年来自欧洲的来华留学生总数为7033人，占比38.7%；亚洲生源规模仅次于欧洲，占比为34.8%。这一时期共接收非洲来华留学生3063人，占比16.7%。同时，我国还吸引了部分美洲及大洋洲的来华留学生，两大洲分别占比7.7%、1.6%。以上数据表明，与起步探索阶段相比，美洲和大洋洲的来华留学生规模呈现稳步扩大的态势。1979—1992年，全球各大洲来华留学生数量情况如表2－8所示。

表2－8　1979—1992年全球各大洲来华留学生数量/人

年份	各洲					
	欧洲	亚洲	非洲	美洲	大洋洲	合计
1979	189	114	30	84	23	440
1980	190	246	43	70	27	576
1981	181	383	80	90	10	744
1982	227	368	154	84	33	866
1983	258	456	230	80	19	1043
1984	382	532	247	100	25	1286
1985	468	373	314	100	25	1583
1986	548	767	299	136	27	1777
1987	868	363	306	146	24	1707
1988	844	447	325	204	32	1852
1989	657	372	249	82	33	1393
1990	730	439	252	49	14	1484
1991	802	559	272	90	12	1735
1992	689	602	262	83	20	1656
合计	7033	6324	3063	1398	324	18142

资料来源：李滔《中华留学教育史录（1949年以后）》，高等教育出版社2000年版，第872－876页。

说明：本表统计数据为国家教委计划内接收的全球各大洲来华留学生数量。

另外还有生源地的扩大。在这一时期，来华留学生的生源地持续扩展，一方面从中华人民共和国成立初期建交的社会主义国家扩展到西方发达国家；另一方面，由周边国家、苏联、东欧社会主义国家以及非洲友好国家等逐步扩大到美国、日本等西方发达国家，遍布世界各地。改革开放初期，更多的欧美发达国家与我国建立了外交关系，随即开展了国家间的留学生交流，它们均向我国派遣了留学生。因此，在1979—1992年我国接收的来华留学生中，来自欧美发达国家留学生数量增加。1979—1984年的来华自费留学生的98%来自发达国家，这些发达国家分别为日本、美国、英国、法国、意大利等。如表2－9

所示，1979—1992 年，我国接收的来自日本的留学生人数达到 3000 多人，美国、英国、法国达到了 500 人以上，意大利的来华留学生人数将近 400 人；另外，来自朝鲜的留学生也处于主要地位，总数达到 1000 人以上。

表 2－9　1979—1992 年主要生源国来华留学生数量/人

年份	国别					
	日本	朝鲜	美国	英国	法国	意大利
1979	86	6	56	54	24	18
1980	163	45	38	65	32	21
1981	234	34	52	40	26	17
1982	225	54	53	49	22	23
1983	261	88	35	58	32	16
1984	295	113	63	68	32	30
1985	414	143	56	59	35	21
1986	489	150	72	—	41	28
1987	80	140	88	87	56	30
1988	218	114	134	86	35	42
1989	141	73	22	17	8	33
1990	144	133	17	44	77	37
1991	169	187	20	29	51	39
1992	176	136	8	29	48	44
合计	3095	1416	714	685	519	399

资料来源：李滔《中华留学教育史录（1949 年以后）》，高等教育出版社 2000 年版，第 872－876 页。

说明：本表统计数据为国家教委计划内接收的主要生源国来华留学生数量。

根据表 2－10 的数据测算，1990—1997 年来华留学生教育规模发展迅速，年平均增长率达到 28%；除 1997 年的其他年份的来华留学生的年增长率均在 15% 以上；最高年份达到 59%。

表 2－10　1990—1997 年来华留学生总数变化情况

年份	留学生总数/人	比上一年增长比例/%
1990	7494	—
1991	11972	59. 3
1992	14024	17. 1
1993	16871	16. 8
1994	25586	51. 6
1995	35759	39. 7

续表

年份	留学生总数/人	比上一年增长比例/%
1996	41211	15.2
1997	42712	6.0

资料来源：于富增《改革开放30年的来华留学生教育》，北京语言大学出版社2009年版，第110页。

（三）来华留学生教育的结构优化

来华留学生教育结构反映出留学生教育系统内各组成要素之间的关联形式和比例关系，涵盖类别结构、科类结构、国别结构、经费结构、区域结构等诸多方面。在来华留学生教育稳步扩大阶段，其教育结构呈现以下几个特点：

第一，自费来华留学生成为来华留学生教育的重要构成。1978年，我国开启了自费来华留学生通道，成为改革开放的一项重要标志，推动了来华留学生教育事业的发展。1979年，我国招收了第一批自费留学生，此后，接收的自费留学生类别从短期留学生拓展到普通进修生和本科生等，且具备接收来华留学生资格的高校及专业数量也迅速扩增。可以说，自费生的涌现使得来华留学生规模迅速扩大，同时对来华留学生质量和层次发展起到一定的调节作用。1989年6月，国家教委发布了《关于招收自费外国来华留学生的有关规定》，标志着国家开始下放自费留学生招生审批权，放开了普通高等院校招收自费留学生的权力，将招收自费留学生的审批权下放到了省一级教育行政部门，扩大了接收来华留学生的高等学校的范围。然而，这一时期世界对我国的了解和接纳程度还十分有限，来华留学生教育无论从规模上还是从层次上，都还处于一个比较低的水平。与此同时，由于受来华留学生来源国经济社会发展水平的制约，自费生的来源国主要是美国、日本等当时经济社会发展水平较高的国家。

开放高等院校接收自费留学生，不仅赋予高等学校自行接收来华留学生的权力，而且大大扩大了我国发展来华留学生教育的资源。1993年我国接收来华留学生的院校为200多所，到1997年这一数字增加到330所。来华自费留学生数量也迅速扩大，1990年全国来华自费留学生总数约3810人，到1997年增加到39035人，增长超过9倍。表2－11反映了1978—1997年来华留学自费生数量，共计194441人，占来华留学生总数的76.1%，自费留学生成为这一时期来华留学生教育的主体。从变化趋势上看，来华留学自费生人数呈现快速增长的态势，1978年来华留学生自费生人数仅有29人，到了1997年这一数值已经增长到了39035人，且1997年来华留学自费生占总人数的比例为89.3%。

表 2－11　1978—1997 年来华留学自费生数量/人

年份	在校留学生总数	自费生
1978	1236	29
1979	1593	315
1980	2097	708
1981	3440	1809
1982	4535	2776
1983	5461	3395
1984	6144	3551
1985	7727	4476
1986	8754	4663
1987	5646	1053
1988	5835	1239
1989	6379	2508
1990	7494	3810
1991	11972	8342
1992	14024	10635
1993	16871	13818
1994	25586	22617
1995	35759	32758
1996	41211	36904
1997	43712	39035

资料来源：于富增《改革开放 30 年的来华留学生教育》，北京语言大学出版社 2009 年版，第 284 页。

自费留学的生源国以发达国家为主，以 1985 年为例，全年自费来华学习的日本留学生为 1900 余名，美国为 1300 余名，法国为 220 余名，澳大利亚为 130 余名。再以 1997 年为例，来华留学生总数为 43712 人，其中自费来华留学生为 39000 多人，占当年来华留学生总数的 89.2%。1978—1997 年自费留学生的总数处于持续增长阶段，其增长情况如图 2－1所示。

第二，自费来华留学生的就读专业不断拓展。20 世纪 80 年代，来华留学生的就读专业主要分布在理科、工科、农科和医科。其中，医科涵盖中医和西医两个专业，并以西医学科的留学生为多。来自发达国家的留学生一般为文科进修生，且比较青睐中国语言文学、历史和哲学等人文学科的相关专业。表 2－12 列举了 1997 年自费来华留学生的就读学科专业情况，主要包括文科（人文学科和社会学科）、医科（西医和中医）、工科、理科和农科等。

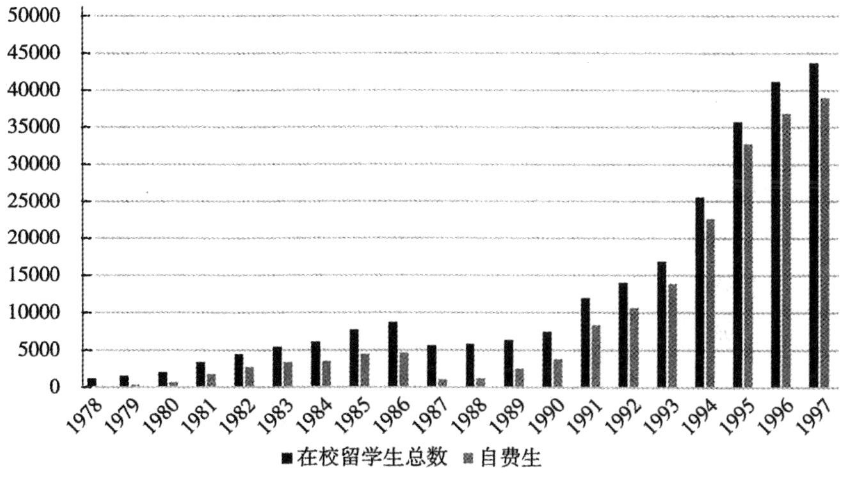

图 2-1　1978—1997 年来华留学自费生数量

资料来源：于富增《改革开放 30 年的来华留学生教育》，北京语言大学出版社 2009 年版，第 284 页。

表 2-12　1997 年自费来华留学生的就读学科专业情况

学科	学历生/人	进修生/人	短期生/人	合计/人	占总数比例/%
文科	5073	14495	13871	33439	85.7
医科	2548	234	1346	4128	10.6
工科	229	199	126	554	1.4
理科	200	51	2	253	0.6
艺术	215	194	7	416	1.1
体育	61	113	3	177	0.5
农科	13	7	48	68	0.2
合计	8969	15293	15403	39035	—

资料来源：于富增《改革开放 30 年的来华留学生教育》，北京语言大学出版社 2009 年版，第 102 页。

表 2-12 反映出，就读文科的自费留学生最多，占比 85.7%；其次是就读医科的留学生，占比 10.6%；其余 5 个学科的留学生总和，仅占当年自费来华留学生总数的 3.7%。此外，20 世纪 90 年代高等学校开放接收自费留学生后，学习体育（包括武术）和中国艺术的留学生明显增加。

（四）来华留学生教育的奖学金逐步丰富

1996 年 6 月，国家留学基金管理委员会（China Scholarship Council，简称“留基委”）

正式成立，这是推进来华留学生教育朝着制度化、规范化方向发展的重要举措。“留基委”是直属于教育部的非营利性事业法人单位，具体负责享受中国政府奖学金来华的留学生招生及日常事务的管理工作。改革开放之后，来华留学生奖学金生数规模持续扩大，表 2－13反映了 1978—1997 年来华留学生奖学金生数情况。

表 2－13　1978—1997 年来华奖学金留学生人数/人

年份	在校留学生总数	奖学金生	年份	在校留学生总数	奖学金生
1978	1236	1207	1991	11972	3630
1979	1593	1278	1992	14024	3389
1980	2097	1389	1993	16871	3053
1981	3440	1631	1994	25586	2969
1982	4535	1759	1995	35759	3001
1983	5461	2066	1996	41211	4307
1984	6144	2593	1997	43712	4677
1985	7727	3251	1992	I4024	3389
1986	8754	4091	1993	16871	3053
1987	5646	4593	1994	25586	2969
1988	5835	4596	1995	35759	3001
1989	6379	3871	1996	41211	4307
1990	7494	3684	1997	43712	4677

资料来源：于富增《改革开放 30 年的来华留学生教育》，北京语言大学出版社 2009 年版，第 284 页。

由表 2－13 可见，1979 年招收的留学生奖学金生数为 1278 人，此后增长较平稳。到 1984 年，我国召开了来华留学生教育工作会议，并采取积极措施促进来华留学生教育发展，自此，我国接收的发展中国家的留学生数量以及获得奖学金的人数显著增加。1989 年来华留学生奖学金生数为 3871 人，到 1997 年留学生奖学金生数达到 4677 人，总量比 1979 年增长近 4 倍，奖学金生数占当年来华留学生总数的 10.7%。表 2－13 显示的变化趋势也反映出，改革开放前期，来华留学生规模偏小，随着中国政府奖学金资助力度的扩大，获得资助的来华留学生比例较大。但是，随着来华留学生规模的加速扩大，奖学金生数占比有所下降。

从阶段性变化特征看，1978—1984 年共有来自 109 个国家的 5387 名奖学金留学生来华学习。在此期间，来华留学生的奖学金资助体系进一步扩大，全球各大洲来华留学生奖学金生数稳步增加，占据主体地位的是欧美发达国家，其奖学金生数为 2162 人，占同期来华奖学金留学生总数的 40.1%。其次是亚洲，且主要集中在日本，具体来说，1978—

1984 年来自日本的奖学金生数达 1300 人，占这个时期来华留学生总数的 24.1%。来自欧美发达国家和日本的来华留学生奖学金生数占同期来华奖学金留学生总数的 64.2%。此外，非洲国家的来华留学生奖学金生数也有明显的扩增，以撒哈拉以南的非洲国家为例，在 1973—1978 年的 6 年，来自撒哈拉以南非洲国家的奖学金留学生总数为 600 人；而在 1984—1989 年的 6 年，这一数字扩增到 1500 人。

三、加速发展阶段：从高校扩招到 2010 年

本部分所述加速发展阶段主要指 1999 年我国高考扩招到 2010 年《留学中国计划》出台这一时间段。这一时期，高校办学自主权得到不断扩大，教育部等部门的管理权限逐级下放，来华留学生教育管理更加规范有序，逐渐步入规范化、法制化的管理轨道。《留学中国计划》的出台为来华留学生教育实施及管理工作提供了发展方向和依据，确定了我国来华留学生教育管理体制，即以国家宏观政策为指导，留学生培养单位面向全球留学生市场招生，实行统一指导、高校科学管理。

（一）来华留学生教育规模发展状况

2000 年，教育部、公安部、外交部三部委制定了《高等学校接受外国留学生管理规定》，确定了“深化改革，加强管理，保证质量，积极稳妥发展”的来华留学生教育工作方针，明确规定高等学校招收留学生名额不受国家招生计划的限制，进一步扩大了高校的办学自主权，激发了地方政府和高校的工作积极性，留学生接受院校数量和留学生规模迅速扩大。表 2 - 14 反映了 1999—2010 年来华留学生数量。1999 年，来华留学生人数为 44711 人，到 2010 年来华留学生人数增加至 265090 人，总量扩大了接近 6 倍，来华留学生规模呈现出快速扩大态势。

表 2 - 14　1999—2010 年来华留学生数量/人

年份	总量	年份	总量
1999	44711	2005	141087
2000	52150	2006	162695
2001	61869	2007	195503
2002	85829	2008	223499
2003	77715	2009	238184
2004	110844	2010	265090
合计	1659176		

资料来源：教育部国际合作与交流司《来华留学生简明统计》，1999—2010 年。

这一时期，各大洲来华留学生规模的分布呈现出较为均衡的发展态势，表2－15反映了全球各大洲来华留学生的规模情况，1999—2010年世界五大洲来华留学生的总量呈逐年增加趋势；从区域差别上来看，亚洲区域延续了以往规模优势，1999—2010年每年来华留学生人数均超过当年其他四洲来华留学生人数之和；另外，这一时期，非洲来华留学热度高涨，2010年非洲来华留学生人数约为1999年人数的12倍。

表2－15　1999—2010年全球各大洲来华留学生数量/人

年份	洲别					
	亚洲	非洲	欧洲	美洲	大洋洲	合计
1999	31914	1384	5621	4938	854	44711
2000	39034	1388	5818	5144	766	52150
2001	46142	1526	6717	6411	1073	61869
2002	66040	1646	8127	8892	1124	85829
2003	63672	1793	6462	4703	1085	77715
2004	85112	2186	11524	10695	1327	110844
2005	106840	2757	16463	13221	1806	141087
2006	120930	3737	20676	15619	1733	162695
2007	141689	5915	26339	19673	1887	195503
2008	152931	8799	32461	26559	2749	223499
2009	161605	12436	35876	25557	2710	238184
2010	175805	16403	41881	27228	3773	265090
合计	1191714	59970	217965	168640	20887	1659176

资料来源：教育部国际合作与交流司《来华留学生简明统计》，1999—2010年。

图2－2显示了1999—2010年各洲的年度变化趋势，亚洲是这一时期来华留学的主要生源地，并且始终占据着主导地位。

2000年以后，来华留学生的生源地达到180多个国家和地区，几乎覆盖了世界上所有的国家和地区，接收留学生的条件从双边协定的有限接收与交换，转变为向全世界开放。表2－16反映了1999—2010年来华留学生主要生源国及其人数，值得关注的是，2000年以来韩国是来华留学生人数最多的国家，并且其规模上的领先优势十分突出。日本、美国、俄罗斯、泰国等主要生源国来华留学生规模从总体上呈现出较为稳定的增长态势，印度尼西亚、法国、德国、澳大利亚的来华留学生在这一时期的发展还不够充分，加拿大的来华留学生规模发展则最为缓慢。

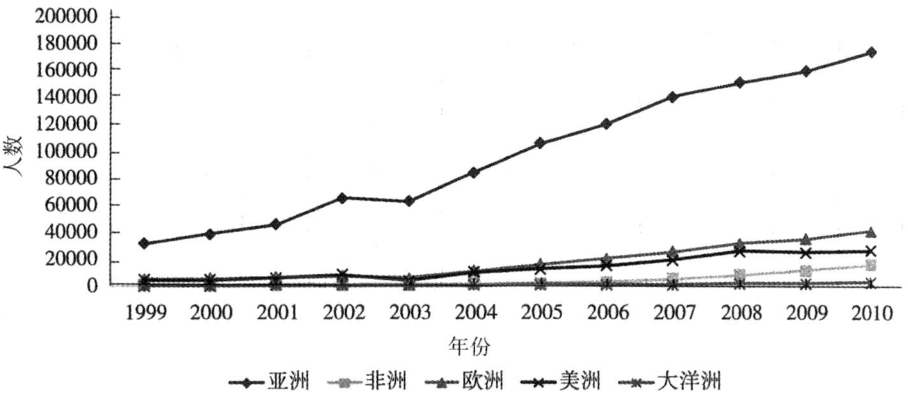

图 2-2　1999—2010 年全球各大洲来华留学生数量变化/人

资料来源：教育部国际合作与交流司《来华留学生简明统计》，1999—2010 年。

表 2-16　1999—2010 年来华留学生生源国及其人数/人

年份	国别										
	韩国	日本	美国	印度尼西亚	德国	法国	澳大利亚	俄罗斯	泰国	加拿大	合计
1999	11731	12784	4094	2411	1297	824	770	609	512	508	35540
2000	16787	13806	4280	1947	1270	891	676	703	667	516	41543
2001	22116	14692	5413	1697	1321	1057	971	1056	860	570	49753
2002	36093	16084	7359	2583	1226	1341	1001	1492	1737	875	69791
2003	35353	12765	3693	2563	1280	962	918	1224	1554	557	60869
2004	43617	19059	8480	3750	2187	1954	1159	2288	2371	1205	86070
2005	54079	18874	10343	4616	2736	3105	1591	3535	3594	1413	103886
2006	57504	18363	11784	5652	3090	3857	1420	5035	5522	1766	113993
2007	64481	18640	14758	6590	3554	4698	1464	7261	7306	1985	130737
2008	66806	16733	19914	7084	4417	5059	2083	8939	8476	2712	142223
2009	64232	15409	18650	7926	4239	5422	1874	10596	11379	2520	142247
2010	62957	16808	19668	9539	4873	6313	2892	12481	13177	2719	151427

资料来源：教育部国际合作与交流司《来华留学生简明统计》，1999—2010 年。

此外，这一时期自费留学生规模逐渐扩大，来华留学生教育初步实现从国际义务援助为主开始向自费为主转变，且类别上以自费短期留学生为主。

（二）来华留学生教育的层次结构

第一，来华留学生教育总体层次结构不断优化。来华留学生教育层次结构的不断优化是我国经济实力增强和综合国力提升的重要表现。表 2－17 反映了 1999—2010 年各层次来华留学生的数量情况。

表 2－17　1999—2010 年各层次来华留学生数量/人

类别		年份											
		1999	2000	2001	2002	2003	2004	2005	2006	2007	2008	2009	2010
学历生	专科生	181	228	1282	499	263	450	593	1009	1119	860	957	1178
	本科生	8402	10224	11797	16309	19319	25351	37147	45207	56248	64864	73515	81388
	硕士研究生	2000	2192	2377	2858	3397	3883	4807	5966	7628	10373	14227	19040
	博士研究生	896	1059	1194	1389	1637	1932	2304	2677	3218	3908	4751	58261
合计		11479	13703	16650	21055	24616	31616	44851	54859	68213	80005	93450	107432
非学历生	普通进修生	1626	21342	24040	38668	39026	44097	57913	27517	6834	9771	8584	8776
	高级进修生	579	626	536	778	814	773	948	997	1017	1218	1411	1691
	短期留学生	15495	16479	20643	25328	13259	34358	37375	42962	51340	58497	53102	63680
	语言进修生	—	—	—	—	—	—	—	36360	68099	74008	81637	83511
合计		33232	38447	45219	64774	53099	79228	96236	107836	127290	143494	144734	157658

资料来源：教育部国际合作与交流司《来华留学生简明统计》，1999—2010 年。

表 2－17 反映出，1999—2010 年，来华留学学历生占比不断扩大，层次结构不断优化。1999 年，来华留学生中学历生占比为 25.7%；到 2010 年，这一数值达到了 40.5%。另外，硕士和博士来华留学生占当年来华留学生总数的比例也在不断增加，由 1999 年的

8.71%增长到2010年的15.77%。相对地，非学历生占比则由1999年的74.33%缩减到59.47%，这些数值的变化进一步说明了该阶段来华留学生教育的层次结构处于积极的动态优化之中。

第二，各洲来华留学学历生涨幅均大于非学历生。表2－18反映了1999—2010年全球各大洲来华留学学历生和非学历生的规模情况。这一时期，较为明显的是各洲的学历生数量增长速度明显高于非学历生。例如，2008年亚洲学历生与非学历生数分别为66285人和86646人，2010年其学历生与非学历生数分别为83721人和92084人，学历生规模增长速率达到了26.30%，非学历生规模增长速率则为6.28%。这反映出各洲的来华留学学历生数量增长速度快，发展潜力大，为提升来华留学生教育的质量创造了条件。

表2－18　1999—2010年全球各大洲来华留学生层次结构数量/人

年份	各洲									
	亚洲		非洲		欧洲		美洲		大洋洲	
	学历生	非学历生	学历生	非学历生	学历生	非学历生	学历生	非学历生	学历生	非学历生
1999	9431	22501	1171	213	570	5051	252	4686	73	781
2000	11656	27378	1155	233	536	5282	264	4880	92	674
2001	14247	31895	1258	268	607	6110	434	5977	104	969
2002	18351	47689	1289	357	716	7411	575	8317	124	1000
2003	21482	42190	1430	363	800	5662	744	3959	160	925
2004	27732	57380	1559	627	1163	10361	996	9699	166	1161
2005	39832	67008	1857	900	1680	14783	1296	11925	186	1620
2006	47941	72989	2581	1156	2233	18443	1778	13841	326	1407
2007	58028	83661	3978	1937	3379	22960	2385	17288	443	1444
2008	66285	86646	2913	3070	5729	27978	4483	23646	595	2154
2009	74958	86647	7955	4481	6138	29738	3674	21883	725	1985
2010	83721	92084	10613	5790	7896	33985	4338	22890	864	2909

资料来源：教育部国际合作与交流司《来华留学生简明统计》，1999—2010年。

第三，来华留学生就读专业不均衡。表2－19显示了1999—2010年来华留学生就读专业情况，数据反映出这一时期来华留学生就读专业范围有所扩展，汉语言、法学、经济等人文社科专业就读人数较多。其中，汉语言专业始终倍受追捧，例如，2007年来华留学生就读汉语言专业占比高达60.9%，而选择学习理工科类的来华留学生，占比规模相对较小。

表 2－19　1999—2010 年来华留学生就读专业情况/人

专业	年份												
	1999	2000	2001	2002	2003	2004	2005	2006	2007	2008	2009	2010	总计
汉语言	—	35422	44149	63328	53126	75270	86679	98701	119147	124574	136576	146149	983121
文学	36401	35422	3550	4336	5015	6705	11600	14027	13822	15935	16635	19612	183060
西医	1420	1399	1626	2643	3001	4688	9605	13225	16902	19233	21123	25203	120068
中医	3571	3700	3886	4070	4183	6283	8427	7130	8671	9418	11022	10962	81323
经济	—	1582	1726	2723	3091	4525	6665	7308	8804	11335	14367	16863	78989
工科	1724	2851	1888	2442	2693	3519	4455	5803	6785	9128	11606	15130	68024
法学	—	1626	1392	1287	2053	2438	2906	3667	4700	4688	4966	6147	35870
理科	425	403	494	393	465	555	741	1007	1411	9978	1417	2535	19824
艺术	656	706	524	774	918	1291	1537	2118	2508	2835	2732	—	16599
体育	229	599	498	834	467	708	547	1332	1361	1375	1318	—	9268
农科	303	219	225	267	241	298	380	440	755	699	1018	1063	5908

资料来源：教育部国际合作与交流司《来华留学生简明统计》，1999—2010 年。

（三）来华留学生奖学金发展情况

第一，总量持续扩增。为吸引更多的国际学生来华留学，我国政府奖、助学金体系经过多年发展逐步完善。2000 年，我国出台了《高等学校接受外国留学生管理规定》，该文件明确提出要为来华留学生设立“中国政府奖学金”。“中国政府奖学金”具体是指中国政府为资助世界各国学生、学者到中国高等学校进行学习和研究，增进中国人民与世界各国人民的相互理解和友谊，发展中国与世界各国在教育、科技、文化、经贸等领域的交流与合作，免除其在华学习期间的学杂费，并提供相应生活费和公费医疗服务的一项教育福利制度。《高等学校接受外国留学生管理规定》的出台，对奖学金政策作出了补充：鼓励教育部、地方政府和高校设立其他专项奖学金作为补充。2000 年颁布的《关于实施中国政府奖学金年度评审制度的通知》中正式公布了“中国政府奖学金年度评审办法”，明确了实施中国政府奖学金年度评审制度，并委托国家留学基金管理委员会负责年度评审工作的组织实施。我国出台关于促进来华留学生奖学金发展的相关政策，推动了来华留学生教育规模的扩大，拓宽了来华留学生教育发展的渠道。1999—2010 年，来华奖学金留学生数量快速增长，具体如表 2－20 所示。

表 2－20　1999—2010 年来华留学生获得奖学金的数量/人

年份	总量	年份	总量
1999	5211	2005	7218
2000	5362	2006	8484
2001	5841	2007	10151
2002	6074	2008	13516
2003	6153	2009	18245
2004	6715	2010	22390
合计	115360		

资料来源：教育部国际合作与交流司《来华留学生简明统计》，1999—2010 年。

表 2－20 反映出，来华留学生奖学金生数从 1999 年的 5211 人增长到 2010 年的 22390 人，扩大了约 4 倍，来华留学生奖学金生数稳步增长。

第二，亚洲的来华留学生奖学金生数优势突出。从全球各大洲来华留学生奖学金生数变化来看，各洲在 2007 年出现了加速增长态势。其中，亚洲获得中国政府奖学金的人数逐步上升，其变化最为明显；非洲在 2005 年出现了增量拐点，随后增长速度相较之前加快；而大洋洲的增长速度最慢。具体如图 2－3 所示。

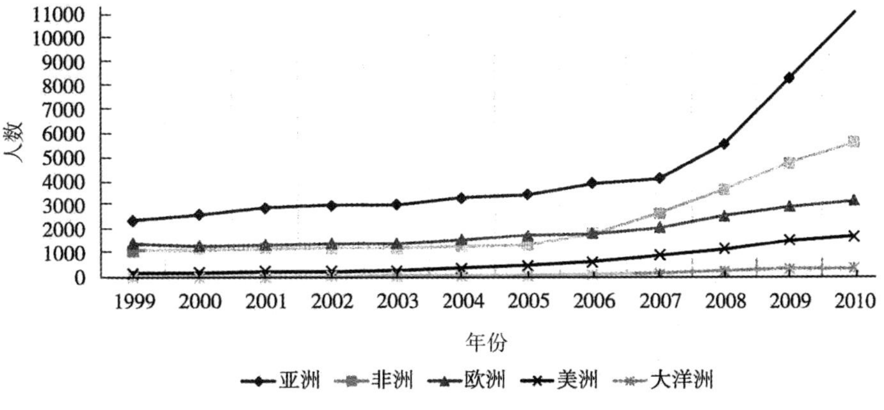

图 2－3　1999—2010 年全球各大洲来华留学生奖学金生数量变化/人

资料来源：教育部国际合作与交流司《来华留学生简明统计》，1999—2010 年。

第三，学历生占据奖学金生数的主体。表 2－21 显示了 1999—2010 年全球各洲来华留学生奖学金生数情况。数据表明，1999—2010 年，亚洲及非洲的来华学历奖学金生一直占据来华奖学金生数的主体地位，学历奖学金生数占比远高于非学历奖学金生数；而欧洲、美洲以及大洋洲的学历奖学金生数与非学历奖学金生数呈现波动变化的趋势，但总体而言，来华学历奖学金留学生优势正在逐步凸显。

表 2-21　1999—2010 年全球各大洲来华留学生奖学金生数情况/人

年份	各洲									
	亚洲		非洲		欧洲		美洲		大洋洲	
	学历生	非学历生	学历生	非学历生	学历生	非学历生	学历生	非学历生	学历生	非学历生
1999	1477	925	999	137	282	1154	197	74	10	30
2000	1726	922	1052	102	180	1140	76	129	10	25
2001	1959	987	1124	100	178	1193	98	158	9	35
2002	2089	960	1160	96	181	1248	116	165	12	47
2003	2224	852	178	1264	1153	91	134	171	24	62
2004	2384	963	1207	110	186	1394	153	241	15	62
2005	2501	1000	1290	77	232	1529	181	325	23	60
2006	2911	1054	1748	113	297	1561	322	339	79	60
2007	3101	1070	2562	171	345	1762	467	487	140	46
2008	4557	1071	3545	190	684	1944	660	561	235	69
2009	7307	1102	4652	172	1073	1949	931	668	312	79
2010	10054	1143	5550	160	1486	1797	1112	649	361	78

资料来源：教育部国际合作与交流司《来华留学生简明统计》，1999—2010 年。

优化奖学金结构、扩大支持力度等，始终是我国发展来华留学生教育的重要途径。2009 年，为鼓励地方政府设立来华留学生奖学金，教育部决定向已设立奖学金的省级地方政府分配部分中国政府奖学金名额。随后，“优秀生奖学金”“中华文化研究奖学金”以及“优胜者奖学金”等奖学金项目逐步产生，成为来华留学生奖学金体系的组成部分，原先单一的奖学金制度逐步走向多样化，且中国政府奖学金开始实行年审制度，审核通过的学生方可获得下一年度的支持。2000 年中非合作论坛建立后，中非教育合作与交流进入快速发展时期，“中国政府奖学金计划”成为中非教育合作交流的主力军。此后，中国对非洲各国来华留学生的奖学金资助大幅增加，与中国签订政府奖学金计划的非洲国家也遍布非洲 50 多个国家，我国接收的非洲留学生专业遍布文、理、工、农、医等各个学科，涵盖本、硕、博各学历层次。

四、内涵式发展阶段：从“留学中国计划”到“新时代”

2010—2017 年，来华留学生教育进入以质量提升为重点的内涵式发展阶段。2017 年，党的十九大报告提出“中国特色社会主义进入了新时代”，此前颁布的《留学中国计划》

《国家中长期教育改革和发展规划纲要（2010—2020）》《关于做好新时期教育对外开放工作的若干意见》都对来华留学生教育具有重要意义，推动了来华留学生教育的均衡、充分发展。

（一）来华留学生教育制度环境建设

2010—2017 年，来华留学生教育制度和环境持续优化，来华留学生教育目标向着为国家外交、改革开放、经济建设、教育改革服务的转变。2010 年，我国政府颁布《国家中长期教育改革和发展规划纲要（2010—2020）》（简称《规划纲要》），对于高等教育国际化发展，提出“扩大教育开放，鼓励高校间加强国际交流与合作，提高交流合作水平”的发展目标。围绕来华留学生教育发展，提出的具体推进策略包括：扩大政府间学历学位互认，推动我国高水平教育机构海外办学，进一步扩大留学生规模；增加中国政府奖学金数量，重点资助发展中国家学生，优化来华留学人员结构；实施来华留学预备教育，增加高等学校外语授课的学科专业，不断提高来华留学生教育质量。

围绕《规划纲要》提出的发展目标，教育部于 2010 年 9 月出台《留学中国计划》（以下简称《计划》），该计划是我国加快推进来华留学生教育工作的第一个战略性指导计划，提出将我国建设成世界主要留学目的地国的发展目标，且明确指出“到 2020 年使我国成为亚洲最大的留学目的地，来华留学生人数达到 50 万人次，其中接受高等学历教育的留学生达到 15 万人”，即 10 年内来华留学生人数要在现有基础上翻一番。与此同时，文件要求根据国家战略和发展需要，逐步增加中国政府奖学金名额；来华留学人员生源国国别和层次类别更加均衡合理，推进来华留学生教育事业全面协调可持续发展，打造中国教育的国际品牌，进一步加强来华留学生教育的规范化管理等。《计划》还提出了包括“建立与我国国际地位、教育规模和水平相适应的来华留学工作与服务体系，造就出一大批来华留学教育的高水平师资，形成来华留学教育特色鲜明的大学群和高水平学科群，培养一大批知华、友华的高素质来华留学毕业生”等发展目标。

2013 年，来华留学生数量迅猛增加。新时代来华留学生教育响应国家重大战略，在促进“一带一路”人文交流、扩大我国高等教育的世界影响力等方面发挥了突出作用。此后，2016 年出台的《关于做好新时期教育对外开放工作的若干意见》对来华留学生教育发展提出了明确目标：到 2020 年，我国出国留学服务体系基本健全，来华留学生教育质量显著提高，涉外办学效益明显提升，双边多边教育合作广度和深度有效拓展等。该文件还提出建立健全政府、学校、社会力量权责明确、分工协作、高效有序的教育对外开放运行架构，为来华留学生奖学金体系建设提供了改革的方向。2017 年 1 月，教育部、财政部、国家发展改革委联合印发《统筹推进世界一流大学和一流学科建设实施办法（暂行)》，明确了“双一流”的建设重点、管理方式、组织实施等具体问题，同时将加强国际合作与交流作为“双一流”建设的重要内容和发展目标。同年，教育部、外交部和公安部联合制定了《学校招收和培养国际学生管理办法》，对我国境内各级各类教育，特别是高等教育招收和培养来华留学生作出了明确的行政性指令，包括招生管理、教学管理和校内管理、奖学金和社会管理，以及监督管理等多方面内容。以上政策的提出为高等教育学校招收、培养、管理留学生的行为提供现实规范和实施依据，确定了高校在来华留学生教育中的自主管理责任。

（二）来华留学生规模发展状况

第一，总体变化情况。2011 年以来，我国来华留学生教育处于提质增效的重要阶段，进入了发展的“黄金时期”，规模持续扩大。图 2－4 显示了 2011—2017 年来华留学生的规模变化情况，7 年间来华留学生人数共计 2684074 人，2011 年来华留学生为 292611 人，2017 年这一数字增加到 489172 人，扩大了 1.7 倍，年均增长率为 8.9%。值得关注的是，2012 年来华留学生人数首次突破 32 万人，2013 年增长到 2014 年的 377054 人，3 年增长率达到 28.86%。2016 年，中国来华留学生总数达 442773 万人，约占世界留学生总数的 10%，比 2015 年增加 45138 人。2016 年，共有来自 205 个国家和地区的外国留学人员在中国境内的 31 个省、自治区、直辖市的 829 所高等学校、科研院所和其他教学机构中学习；到 2017 年，接收留学生的高校数量增加到 935 所。

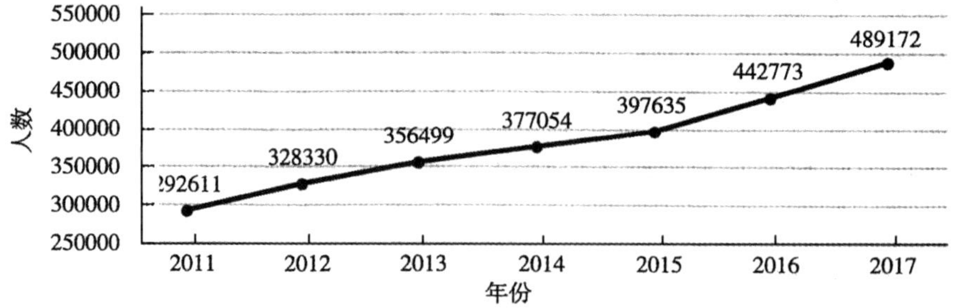

图 2－4　2011—2017 年来华留学生数量变化/人

资料来源：教育部国际合作与交流司《来华留学生简明统计》，2011—2017 年。

第二，各洲变化情况。表 2－22 反映出 2011—2017 年各洲来华留学生规模发展情况。

2011 年，亚洲的来华留学生数量占当年来华留学生总量的 64.2%，随后依次是欧洲（16.2%）、美洲（11.0%）、非洲（7.0%）、大洋洲（1.5%）。

表 2－22　2011—2017 年全球各大洲来华留学生数量/人

年份	各洲					
	亚洲	非洲	欧洲	美洲	大洋洲	合计
2011	187871	20744	47271	32333	4392	292611
2012	207555	27052	54453	34882	4388	328330
2013	219808	33359	61542	37047	4743	356499
2014	225490	41677	67475	36140	6272	377054
2015	240154	49792	66746	34934	6009	397635
2016	264976	61594	71319	38077	6807	442773
2017	293222	74244	75064	39203	7439	489172

资料来源：教育部国际合作与交流司《来华留学生简明统计》，2011—2017 年。

图 2－5 直观反映了 2011—2017 年全球各大洲来华留学生数量的变化情况，亚洲规模优势突出，并一直保持着稳定增长的态势。非洲来华留学生教育在这一阶段发展迅速，欧洲、美洲以及大洋洲发展平稳。

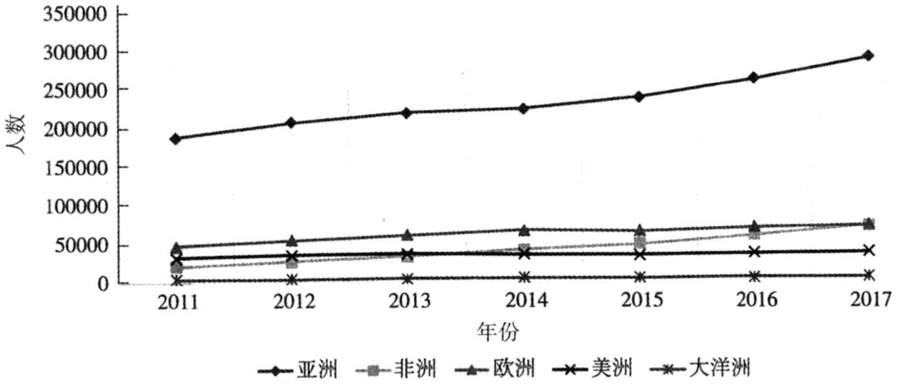

图 2－5　2011—2017 年全球各大洲来华留学生数量/人

资料来源：教育部国际合作与交流司《来华留学生简明统计》，2011—2017 年。

第三，国别差异情况。表 2－23 显示了 2011—2017 年来华留学生主要生源国规模情况。2011—2017 年，韩国的来华留学生规模占据主要生源国第一，随后依次是美国、日本、泰国、越南、俄罗斯、印度尼西亚和印度。这一阶段，发达国家的留学生增长迅速，其中以美国最为突出。

表 2-23 2011—2017 年来华留学生主要生源国的规模情况/人

年份	国家								
	韩国	美国	日本	泰国	越南	俄罗斯	印度尼西亚	印度	总计
2011	62442	23292	17961	14145	13549	13340	10957	9370	165056
2012	63488	24583	21126	16675	13038	14971	13144	10237	177262
2013	63029	25312	17226	20106	12799	15918	13492	11781	179663
2014	62923	24203	15057	21296	10658	17202	13689	13578	178606
2015	66672	21975	14085	19976	10031	16197	12694	16694	178324
2016	70540	23838	13595	23044	10639	17971	14714	18171	192512
2017	63827	23911	14717	27884	11311	19751	14573	20911	196885

资料来源：教育部国际合作与交流司《来华留学生简明统计》，2011—2017 年。

（三）来华留学生的层次结构

第一，总体状况。2011—2017 年，来华留学生的学历生规模小于非学历生规模，具体层次结构情况如表 2-24 所示。2011 年，来华留学学历生人数为 118837 人，占总量的 40.61%；来华留学非学历生人数为 173774 人，占总量的 59.39%，优势突出。到 2014 年，学历生占比有所提升，达到 43.6%；到 2016 年，仍有超过半数以上的留学生接受短期、非学历教育，导致整体培养层次偏低。另外，本科生占据来华留学学历生主体，但来华留学研究生层次规模增速较快。2011 年，来华留学硕士研究生数为 23453 人，博士研究生数为 6923 人；到了 2014 年，硕士研究生数为 35876 人，博士研究生数为 12114 人，年均增长率分别为 15.22% 和 20.50%。

表 2-24 2011—2017 年来华留学生的层次结构/人

类别		年份						
		2011	2012	2013	2014	2015	2016	2017
学历生	专科生	1249	1644	2004	2523	3318	4780	8056
	本科生	87212	95805	105284	113881	127909	141319	157728
	硕士研究生	23453	27757	30828	35876	39205	45816	53747
	博士研究生	6923	8303	9774	12114	14367	18051	22012
合计		118837	133509	147890	164394	184799	209966	241543
非学历生	普通进修生	9701	13428	18772	115234	117198	121261	121436
	高级进修生	1761	1976	2595	3204	3207	2501	2480
	短期留学生	75761	85539	89700	94222	92431	109045	123713
	语言进修生	86551	93878	97542	—	—	—	—
合计		173774	194821	208609	212660	212836	232807	247629

资料来源：教育部国际合作与交流司《来华留学生简明统计》，2011—2017 年。

第二，各洲发展状况。表 2－25 反映了 2011—2017 年全球各大洲来华留学生层次结构情况。数据反映出，亚洲和非洲的学历生人数多于非学历生人数，但无明显优势，反观欧洲、美洲和大洋洲的非学历生人数却远高于学历生人数。2013 年，“一带一路”倡议的提出促进了亚洲来华留学生教育结构的优化。2014 年，学历生数为 114967 人，非学历生数为 110523 人；到了 2015 年，学历生数为 126876 人，非学历生数为 113278 人，增长率分别为 10.36% 和 2.49%，学历生数增长速度显著高于非学历生。

表 2－25　2011—2017 年全球各大洲来华留学生层次结构情况/人

年份	各洲									
	亚洲		非洲		欧洲		美洲		大洋洲	
	学历生	非学历生	学历生	非学历生	学历生	非学历生	学历生	非学历生	学历生	非学历生
2011	90492	97379	13209	7535	9235	38036	4913	27420	988	3404
2012	99231	108324	16746	10306	10957	43496	5491	29391	1084	3304
2013	106763	113045	20966	12393	12778	48764	6164	30883	1219	3524
2014	114967	110523	27329	14348	13910	53565	6805	29335	1383	4889
2015	126876	113278	34064	15728	14871	51875	7473	27461	1515	4494
2016	140797	124179	42495	19099	16908	54411	8132	29945	1634	5173
2017	160323	132899	51959	22285	18345	56719	9047	30156	1869	5570

资料来源：教育部国际合作与交流司《来华留学生简明统计》，2011—2017 年。

不同区域层次结构变化情况不同。以中东欧为例，2010—2015 年的 6 年，其来华留学学历生总数为 4557 人，其中本科、硕士、博士总量分别为 1763 人、2266 人、528 人，本科、硕士、博士总人数分别占中东欧来华留学学历生总量的 38.7%、49.7%、11.6%，数据反映出硕士研究生层次是中东欧国家来华留学学历生的主体。研究生层次增长迅速表现出较大的发展优势，中国学历留学生教育对中东欧来华留学生具有较强的吸引力，快速增长的高层次学历生促进着中东欧来华留学生教育层次结构的优化。然而，学历教育对于发达国家学生的吸引力较弱，欧美、日、韩等发达国家学生绝大部分为来华接受非学历短期培训。

第三，来华留学生就读专业结构。表 2－26 反映出 2011—2017 年来华留学生就读专业情况，汉语言专业依旧占据着主导地位。2013 年，汉语言专业学习热度很高，来华留学生就读汉语专业者占总人数的 49.5%，西医、文学、工科、管理和经济类分列于第二至第六位。

表 2-26　2011—2017 年来华留学生就读专业情况/人

专业	年份						
	2011	2012	2013	2014	2015	2016	2017
汉语言	161964	175676	176447	194348	181275	169093	194382
西医	26928	30474	34899	39233	45461	49022	53622
文学	17837	24931	26654	12242	31843	36782	42619
工科	18949	22596	27369	34134	39366	48394	58090
管理	18472	21873	26201	26951	28142	32976	39870
经济	18436	20819	23615	27799	30757	37315	40667
中医	11822	13042	13804	12857	12277	13335	14115
法学	6684	7296	8183	9118	9310	11187	11800
教育	5457	5361	7267	6664	4963	27900	13104
理科	2360	2670	3175	3927	4604	6210	7884
农科	1490	1538	1860	2368	2723	3471	4738
历史	1437	1380	1364	1335	1181	1176	1242
哲学	775	674	565	547	515	543	594

资料来源：教育部国际合作与交流司《来华留学生简明统计》，2011—2017 年。

（四）来华留学生奖学金发展状况

中国政府奖学金能够促进来华留学生教育扩大规模和完善层次结构；合理的奖学金体系不仅是发展来华留学生教育的基本条件，还是提高来华留学生教育质量的坚实基础。表 2-27显示了 2011—2017 年来华留学生奖学金生数量的分布状况。2011 年来华留学生奖学金生数为 25687 人，2017 年这一数字为 58572 人，规模上扩大了两倍，并且呈现出稳定的增长态势。

表 2-27　2011—2017 年来华留学生奖学金生数量/人

年份	总量	年份	总量
2011	25687	2015	40600
2012	28768	2016	49022
2013	33322	2017	58572
2014	36943		
合计	272914		

资料来源：教育部国际合作与交流司《来华留学生简明统计》，2011—2017 年。

表 2-28 显示了 2011—2017 年全球各大洲来华留学生奖学金生数量变化情况，各洲获得中国政府奖学金的人数呈稳定增长的态势。数据反映出，各洲获得奖学金的来华留学

学历生占比高于非学历生。亚洲获得奖学金的来华留学生数量依然占据着主导地位，其他各洲依次是非洲、欧洲、美洲，大洋洲的来华留学生奖学金生数相对较少。

表 2－28　2011—2017 年全球各大洲来华留学生奖学金配置情况/人

年份	各洲									
	亚洲		非洲		欧洲		美洲		大洋洲	
	学历生	非学历生	学历生	非学历生	学历生	非学历生	学历生	非学历生	学历生	非学历生
2011	12102	1208	6183	133	1913	1706	1311	649	396	86
2012	14192	1242	6611	106	2299	1607	1518	694	405	94
2013	16681	1281	7200	105	2832	1816	1893	999	431	84
2014	18999	1174	7733	88	3286	1959	2074	1083	472	75
2015	21226	1142	8385	85	3835	2158	2323	858	518	70
2016	25763	1082	9851	185	4497	3128	2474	1369	601	72
2017	31659	1212	11361	222	5121	3797	2744	1725	669	62

资料来源：教育部国际合作与交流司《来华留学生简明统计》，2011—2017 年。

从增长速度上看，2010 年，“一带一路”沿线国家奖学金生数为 10549 人，到 2015 年这一数字增加到 24247 人，规模增长了两倍多，且年均增长率为 18.1%，塔吉克斯坦、缅甸、土库曼斯坦、菲律宾、孟加拉国、乌克兰等国家增幅显著。从区域水平上看，东南亚 10 国、南亚 8 国、中亚 5 国、蒙古来华留学生成为中国政府奖学金覆盖面扩大的最大受益者。亚洲不同区域来华留学生争取奖学金的能力也存在差异。表 2－29 反映了 2011—2017 年亚洲各区域来华留学生奖学金生数变化情况。

表 2－29　2011—2017 年亚洲各区域来华留学生奖学金生数情况/人

区域	年份						
	2011	2012	2013	2014	2015	2016	2017
东南亚	4118	4792	5553	6168	6647	7677	9121
南亚	2376	2831	3644	4805	6029	7955	10594
中亚	1497	1904	2242	2481	2791	3313	4235
蒙古国	1315	1624	1899	2160	2452	3051	3546

资料来源：教育部国际合作与交流司《来华留学生简明统计》，2011—2017 年。

表 2－29 反映出，东南亚来华留学生奖学金生数优势突出，南亚位居第二，中亚和蒙古国分列于第三至第四位。2017 年，南亚来华留学生奖学金生数量突破了 1 万人，占当年亚洲来华留学生奖学金生总量的 38.53%。

第二节　留学生教育的现状

新时代的来华留学生教育迎来了快速发展的好时期，进入提质增效的内涵式发展新阶段。目前，来华留学生教育规模快速扩张，质量不断提高，来华留学生教育逐步走向规范化、系统化，打造来华留学生教育品牌、提供高质量等成为来华留学生教育关注的中国重点问题。

一、来华留学生教育的规模持续扩大

（一）来华留学生的总量扩增

据教育部统计，2018 年，共有来自 196 个国家和地区的 492185 名外国留学人员在全国 31 个省份 1004 所高等院校学习，与 1950 年中华人民共和国成立之初我国来华留学生仅有来自东欧国家的十几人相比，70 年间，我国来华留学生教育取得了巨大成就。图 2－6反映了 2009—2018 年近 10 年来华留学生规模情况。总体来看，来华留学生规模持续扩大，来华留学生人数从 2009 年的 238184 人增加至 2018 年的 492185 人，10 年间增加了 254001 人。

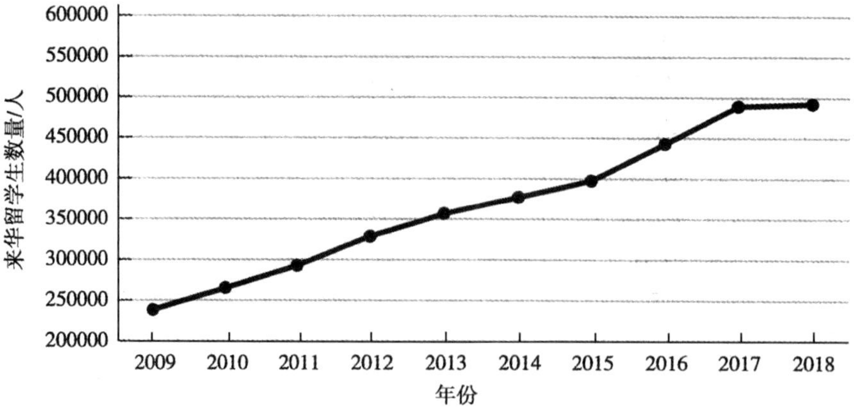

图 2－6　2009—2018 年来华留学生数量变化

资料来源：教育部国际交流与合作司《来华留学生简明统计》，2009—2018 年。

截至 2018 年年底，中国已经累计接收来华留学生 437 万人次，规模达到历史新高度。

随着来华留学生规模不断扩大，伴随中国综合国力的不断提升、高等教育规模和质量的不断增强，中国正在成为全球新的主要留学目的地国。

（二）来华留学生的生源地情况

随着改革开放的持续深入，良好的政策环境以及经济社会发展水平吸引了来自各洲的大批学生来华留学，学生来源从单一社会主义国家向全球各类型国家转变，目前来华留学生生源国和地区已经遍布世界五大洲。表 2－30 反映了 2018 年世界各大洲来华留学生数量及占比情况，亚洲国家来华留学生总数位列第一，达到 295043 人，是来华留学生的主要生源地。亚洲、非洲、欧洲、美洲以及大洋洲来华留学生人数占比分别为 60.0%、16.6%、15.0%、7.2%和 1.2%。

表 2－30　2018 年全球各大洲来华留学生数量/人

序号	洲别	来华留学生数量	占比/%
1	亚洲	295043	60.00
2	非洲	81562	16.60
3	欧洲	73618	15
4	美洲	35733	7.20
5	大洋洲	6229	1.20
6	合计	492185	100

资料来源：教育部国际交流与合作司《来华留学生简明统计》，2018 年，第 141 页。

2018 年来华留学生的生源国（地）由 196 个国家和地区组成，其中 106 个国家和地区的来华留学生超过 500 人规模。表 2－31 列出了 2018 年前十位来华留学生生源国及其来华留学生数量，分别是韩国 50600 人、泰国 28608 人、巴基斯坦 28023 人、印度 23198 人、美国 20996 人、俄罗斯 19239 人、印度尼西亚 15050 人、老挝 14645 人、日本 14230 人和哈萨克斯坦 11784 人。

表 2－31　2018 年来华留学生规模前十的生源国情况

排序	来华留学生生源国	人数/人
1	韩国	50600
2	泰国	28608
3	巴基斯坦	28023
4	印度	23198
5	美国	20996
6	俄罗斯	19239

续表

排序	来华留学生生源国	人数/人
7	印度尼西亚	15050
8	老挝	14645
9	日本	14230
10	哈萨克斯坦	11784

资料来源：教育部国际交流与合作司《来华留学生简明统计》，2018 年，第 5 页。

表 2 – 31 反映出来华留学生生源地的一些显著特征。第一，周边国家是来华留学生生源的主要来源地。我国在外交上长期坚持发展睦邻友好关系，营造了有利的周边环境，周边国家来华留学生规模优势突出。如表 2 – 32 所示，以来华留学学历生为例，2018 年来华留学学历生位列前十的生源国均为周边国家，其中巴基斯坦、印度、老挝、哈萨克斯坦、俄罗斯及蒙古国等六国与中国接壤，韩国、孟加拉国及印度尼西亚与中国隔海相望。东亚、南亚、东南亚、中亚等地区与我国在文化传统、生活习惯与地缘关系方面具有同缘性，故而对它们的学生具有“同质吸引力”，加上东盟 10 国与我国建立的贸易自由区、与中亚国家一直以来的友好政治关系，也在很大程度上促进了这些国家来华留学生的增加。

表 2 – 32　2018 年来华留学学历生规模前十的生源国情况

排序	来华留学生生源国	人数/人
1	巴基斯坦	24573
2	印度	21259
3	韩国	20548
4	泰国	11157
5	老挝	11073
6	孟加拉国	9450
7	印度尼西亚	8263
8	哈萨克斯坦	7925
9	俄罗斯	7866
10	蒙古国	6955

资料来源：教育部国际交流与合作司《来华留学生简明统计》，2018 年，第 142 页。

第二，“一带一路”沿线国家成为来华留学生生源新的增长点。自“一带一路”倡议提出以来，为充分发挥教育在“一带一路”人才建设中的重要作用，我国政府从中央到地方都有序推出了各项人才培养计划，与沿线国家在留学生交流、人才培养等方面取得了瞩目的成绩。表 2 – 33 反映了 2018 年“一带一路”沿线 56 个国家的来华留学生数量情况。依据《来华留学生简明统计》2018 年的统计数据，“一带一路”沿线 56 个国家共计有 260624 名留学生来华学习，总人数占 2018 年来华留学生总数的 53%。

表 2 – 33　2018 年“一带一路”沿线国家来华留学生规模

地域	国别	留学生/人	地域	国别	留学生/人
东亚 1 国	蒙古国	10158	中东欧 22 国	波兰	1926
东南亚 10 国	新加坡	4718		立陶宛	233
	马来西亚	9479		爱沙尼亚	86
	印度尼西亚	15050		拉脱维亚	162
	缅甸	8573		捷克	611
	泰国	28608		斯洛伐克	329
	老挝	14645		匈牙利	587
	柬埔寨	4047		斯洛文尼亚	123
	越南	11299		克罗地亚	118
	文莱	112		波黑	193
	菲律宾	2786		黑山	124
西亚非 19 国	伊朗	2044		塞尔维亚	394
	伊拉克	750		阿尔巴尼亚	220
	土耳其	1854		罗马尼亚	594
	叙利亚	799		保加利亚	429
	约旦	978		马其顿	59
	黎巴嫩	193		俄罗斯	19239
	以色列	449		乌克兰	3090
	巴勒斯坦	401		白俄罗斯	1048
	沙特阿拉伯	783		阿塞拜疆	455
	也门	4747		亚美尼亚	329
	阿曼	127		摩尔多瓦	137
	阿联酋	78	南亚 8 国	印度	23198
	卡塔尔	13		巴基斯坦	28023
	科威特	76		孟加拉	10735
	巴林	559		阿富汗	1618
	希腊	252		斯里兰卡	3290
	塞浦路斯	70		马尔代夫	167
	格鲁吉亚	301		尼泊尔	6986
	埃及	2247		不丹	40

续表

地域	国别	留学生/人	地域	国别	留学生/人
中亚5国	哈萨克斯坦	11784			
	乌兹别克斯坦	6323			
	土库曼斯坦	3157			
	塔吉克斯坦	4007			
	吉尔吉斯斯坦	4614			
合计	260624				

资料来源：教育部国际交流与合作司《来华留学生简明统计》，2018年，第150－164页。

随着共建“一带一路”的持续推进，中国与沿线国家的贸易往来、文化交流日益密切，为沿线国家的学生来华留学奠定了良好的现实基础。目前“一带一路”沿线国家已经成为来华留学生生源地新兴增长点，在我国来华留学生教育中占据重要地位。

第三，发达国家来华留学人数持续增长。由表2－34可见，以美国、英国、韩国、日本为代表的经济社会发展程度较好的国家，其来华留学生规模长期处于较为稳定的状态，来华留学生数量波动范围较小。尽管随着周边国家来华留学的快速发展，发达国家的来华规模优势没有凸显，但是韩、美、日三国留学生的来华留学热度较高，长期以来为来华留学生主要生源国。此外，2018年，法国、德国、加拿大等欧美发达国家来华留学生数量有所增加。整体来看，发达国家来华留学生的人数持续增长，规模不断扩大。

表2－34　2017—2018年主要发达国家来华留学生规模/人

国家	年份	
	2017	2018
韩国	63827	50600
美国	23911	20996
日本	14717	14230
法国	9948	10695
英国	6680	6415
德国	7814	8079
意大利	6430	5386
加拿大	3817	4322

资料来源：教育部国际交流与合作司《来华留学生简明统计》，2017—2018年。

二、来华留学生教育的结构不断优化

学历留学生教育的规模和质量是反映一个国家留学生教育水平及吸引力的重要指标。

近年来，来华留学生的本科、硕士研究生和博士研究生教育体系都初具规模，并呈现出良好的发展态势。来华留学生教育结构优化主要表现在来华留学生教育层次结构优化、区域发展进程优化等方面。

第一，来华留学生教育层次结构优化。随着来华留学生规模的增长，来华留学学历生占比逐年增长，促进了来华留学生教育结构的优化。如表2－35所示，2018年，来华留学学历生共计258122人，占来华留学生总数的52.4%，来华留学学历生人数首次超过来华留学非学历生人数。

表2－35 2018年来华留学学历生及非学历生数量及占比

学生类别	人数/人	占比/%
来华留学学历生	258122	52.40
来华留学非学历生	234063	47.60

资料来源：教育部国际交流与合作司《来华留学生简明统计》，2018年，第141页。

表2－36反映了2017—2018年各类来华留学学历生数量变化情况。根据2018年的《来华留学生简明统计》数据，2018年来华留学学历生中，专科来华留学生12277人，同比增加52.4%；本科来华留学生160783人，同比增加幅度较小，为1.9%；来华攻读研究生学位的留学生共计约8.5万人，同比增加12.3%，其中，硕士研究生59444人，博士研究生25618人，同比增长分别为10.6%和16.4%，来华留学生教育层次结构持续优化。

表2－36 2017—2018各类来华留学学历生数量变化

<table>
<tr><th colspan="3" rowspan="2">留学生类别</th><th colspan="3">留学生数量/人</th></tr>
<tr><th>2017年</th><th>2018年</th><th>增长/%</th></tr>
<tr><td rowspan="5">学历生</td><td colspan="2">专科</td><td>8056</td><td>12277</td><td>52.4</td></tr>
<tr><td colspan="2">本科</td><td>157728</td><td>160783</td><td>1.9</td></tr>
<tr><td rowspan="3">研究生</td><td>硕士生</td><td>53747</td><td>59444</td><td>10.6</td></tr>
<tr><td>博士生</td><td>22012</td><td>25618</td><td>16.4</td></tr>
<tr><td>研究生合计</td><td>75759</td><td>85062</td><td>12.3</td></tr>
<tr><td colspan="3">合计</td><td>241543</td><td>258122</td><td>6.9</td></tr>
</table>

资料来源：教育部国际交流与合作司《来华留学生简明统计》，2017—2018年。

第二，来华留学生就读的区域扩大至全国范围。新中国成立初期，由于我国教育发展水平有限，且实行典型的“自上而下”管理体制，教育部对接收来华留学生的院校选择，以位于较大城市、交通便利和同类专业中质量最好的院校为原则，来华留学生主要在经济发展水平较高的华北、华东地区的高校就读。直到20世纪70年代初，接收来华留学生的院校仍然较为集中，主要集中在北京、上海、天津、武汉等直辖市和省会城市。随着改革开放的不断深入，以北京、上海等一线城市、省会城市以及优势学科提供来华留学生教育的“精英式”发展格局逐步被打破，来华留学生教育在我国的区域分布呈现出逐步均衡发展态势，区域布局持续改善，越来越多位于中西部地区的高校以及中小城市的高校也开始步入来华留学生教育行列。图2－7显示了2018年接收来华留学生的1004所高校以及来华留学生在我国各地区分布情况。根据2018年《来华留学生简明统计》的数据统计，接收来华留学生的1004所高校分布在我国的华东、中南、华北、西南、东北及西北地区，这六个地区所拥有的接收来华留学生高校的占比分为31.5%、20%、16.7%、14.2%、10.4%及7.2%；2018年，华东、中南、华北、西南、东北及西北地区接收来华留学生的占比分别为37.6%、23.4%、15.5%、10%、9.5%及4%。目前，华东地区是我国接收来华留学生高校数量最多的区域，也是来华留学生分布的最主要区域；受地理环境及经济因素的影响，西北部、西南部等边疆地区接收的来华留学生数量较少；但受地缘特征的影响，沿边沿疆区域成为接收留学生的重要区域。例如，新疆与周边国家以及丝绸之路沿线国家有着深厚的历史文化渊源，借助地缘、文缘优势，新疆吸引中亚学生来华留学成果十分显著。广西壮族自治区则吸引了大量来自东盟国家的来华留学生，成为对于东盟学生最具吸引力的留学目的地。这些地区的高校招收留学生竞争力虽不及经济发达地区，但是有效推进了来华留学生教育在我国区域分布的合理化。

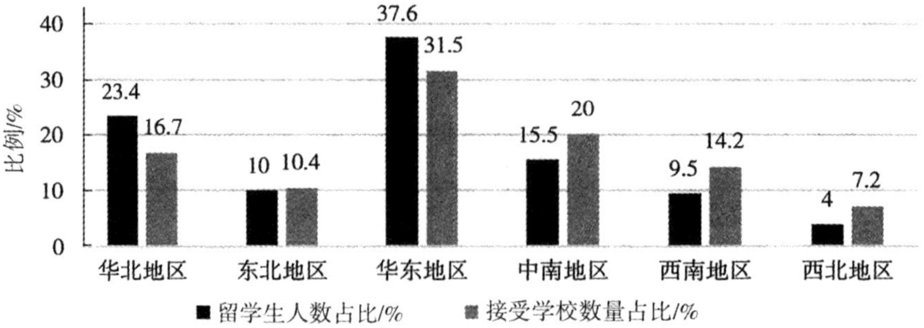

图2－7　2018年来华留学生在我国各地区分布情况

资料来源：教育部国际交流与合作司《来华留学生简明统计》，2018年版，第164－168页。

第三，来华留学生教育的科类结构逐步优化。近年来，我国高等教育事业蓬勃发展、学科建设水平持续提升，优化了来华留学生专业选择。一个明显的趋势是，攻读非语言类专业学位的人数在迅速增长，越来越多来华留学生以专业知识与技能为主要内容的职业需求越来越明显。表2－37为2018年各专业（类）来华留学生数量，2018年接收来华留学生的14个专业（类）依据注册留学生人数的多少为：汉语言、工科、西医、管理、经济、文学、法学、中医、理科、艺术、教育、农科、历史和哲学。相比2017年，2018年来华留学生修读工科、西医、管理、经济、法学、理科、艺术、农科、历史以及哲学专业的人数明显增多，其中，修读工科、农科、历史、哲学专业的人数同比增幅超过20%，反映出来华留学生的学科结构不断优化。

表2－37　2018年各专业（类）来华留学生数量

排序	专业	2017年	2018年	2018年同比增幅/%
1	汉语言	194382	185476	-4.58
2	工科	58090	73533	26.58
3	西医	53622	55225	2.99
4	管理	39870	46724	17.19
5	经济	40667	41819	2.83
6	文学	42619	30996	-27.27
7	法学	11800	13654	15.71
8	中医	14115	13362	-5.33
9	理科	7884	8634	9.51
10	艺术	6445	7150	10.94
11	教育	13104	6760	-48.41
12	农科	4738	6427	35.65
13	历史	1242	1571	26.49
14	哲学	594	854	43.77

资料来源：教育部国际交流与合作司《来华留学生简明统计》，2017—2018年。

三、来华留学生教育的奖学金体系逐步健全

来华留学生奖学金的设置及管理是来华留学生教育工作的重点，奖学金在调整来华留学生教育规模及结构等方面发挥了重要作用。新时期，我国政府资助来华留学生的内容、

形式、覆盖面出现了一系列新的变化。

第一，奖学金体系逐步完善。中国政府奖学金按学生类别可分为本科生奖学金、硕士研究生奖学金、博士研究生奖学金、汉语进修生奖学金、普通进修生奖学金和高级进修生奖学金等。此外，当前中国政府奖学金的项目类别也逐渐多样化，中国政府奖学金项目如表2－38所示，针对不同区域不同层次的来华留学生，中国政府设立不同类别的奖学金，资助世界各国优秀学生、学者来到中国的高校进行学习或开展研究。除中国政府奖学金外，孔子学院奖学金、地方政府奖学金、外国政府奖学金、企业奖学金及高校奖学金等其他资助形式成为中国政府奖学金的重要补充。

表2－38　中国政府奖学金项目

排序	中国政府奖学金	资助对象	资助对象类别
1	国别双边项目	与有关国家政府、机构或学校共同选拔的优秀学生	本科生、硕士研究生、博士研究生、普通进修生、高级进修生
2	中国高校自主招生项目	部分中国高校直接遴选和招收的优秀外国学生	本科生、硕士研究生、博士研究生
3	长城奖学金项目	发展中国家学生、学者	普通进修生、高级进修生
4	中国—欧盟学生交流项目	欧盟成员国学生	本科生、硕士研究生、博士研究生、普通进修生、高级进修生
5	中国—AUN奖学金项目	东盟成员国青年学生、教师、学者	硕士研究生、博士研究生
6	太平洋岛国论坛项目	太平洋地区岛屿国家的青年学生	本科生、硕士研究生、博士研究生、普通进修生、高级进修生
7	世界气象组织项目	有志于气象学科方面研究的各国青年来华学生	本科生、硕士研究生、博士研究生

资料来源：国家留学基金管理委员会，中国政府奖学金，2020年11月20日。

第二，中国政府奖学金留学生规模持续扩大。中国政府奖学金促进了经济、社会发展水平落后地区的来华留学生教育发展。2018年，来华奖学金留学生人数为62941人，占当年来华留学生总数的12.8%。图2－8显示了2009—2018年各类奖学金留学生数量变化情况。近10年来，中国政府奖学留学生的数量从2009年的18245人增长到2018年的62941人，总量增长了3.5倍。2009—2018年，中国政府奖学金生的年增长率均在10%以上，其中以研究生类别的奖学金留学生数量增长最快。

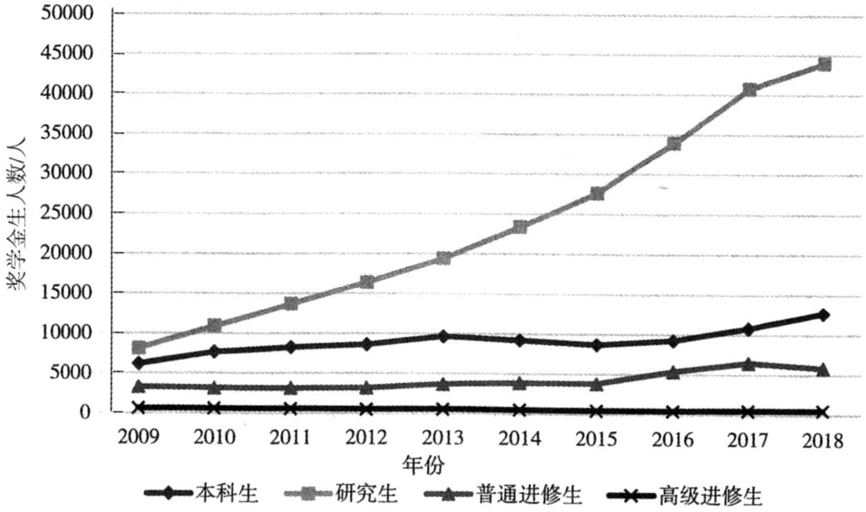

图 2－8　2009—2018 年各类奖学金留学生数量变化趋势图

资料来源：教育部国际交流与合作司《来华留学生简明统计》，2009—2018 年。

第三，中国政府奖学金拉动来华留学生教育发展成效显著。中国政府奖学金政策的完善与实施，显著促进了我国与周边国家的人文交流。中国周边国家来华留学的地缘优势突出，一直是来华留学生的主要生源地区，在规模、学历层次及奖学金数量方面都占有相当大的比重。表 2－39 列出了 2018 年获得奖学金排名前十位的国家，除美国与也门外，其他均为中国周边国家。

表 2－39　2018 年来华留学生奖学金生数排名前十的国家/人

排名	国别	政府奖学金人数	排名	国别	政府奖学金人数
1	巴基斯坦	8168	6	老挝	1882
2	蒙古国	3776	7	哈萨克斯坦	1466
3	俄罗斯	3574	8	美国	1450
4	越南	2742	9	孟加拉国	1343
5	泰国	1932	10	也门	1302

资料来源：教育部国际交流与合作司《来华留学生简明统计》，2018 年，第 283 页。

第四，中国政府奖学金生的内部配置结构不断优化。中国政府奖学金的主要作用是吸引国外优秀人才来华交流学习，相较于非学历留学生而言，学历留学生的生源质量更高。2018 年学历奖学金留学生为 56549 人，占中国政府奖学金留学生总数的 89.8%。

由表 2 -40 可见，2018 年，我国各类学历奖学金留学生人数同比 2017 年呈正增长趋势，相反，非学历奖学金生数的总体呈负增长趋势，奖学金生的内部配置结构得到了极大优化。

表 2 -40　2018 年来华留学生奖学金配置情况

<table>
<tr><th colspan="3" rowspan="2">留学生类别</th><th colspan="2">奖学金留学生数量/人</th></tr>
<tr><th>2018 年</th><th>同比增长/%</th></tr>
<tr><td rowspan="5">学历生</td><td colspan="2">本科生</td><td>12580</td><td>16.4</td></tr>
<tr><td rowspan="3">研究生</td><td>硕士生</td><td>28694</td><td>6.5</td></tr>
<tr><td>博士生</td><td>15275</td><td>10.6</td></tr>
<tr><td>研究生合计</td><td>43969</td><td>7.9</td></tr>
<tr><td colspan="2">小计</td><td>56549</td><td>9.7</td></tr>
<tr><td rowspan="3">非学历生</td><td colspan="2">普通进修生</td><td>5850</td><td>-9.9</td></tr>
<tr><td colspan="2">高级进修生</td><td>542</td><td>3.2</td></tr>
<tr><td colspan="2">小计</td><td>6392</td><td>-8.9</td></tr>
<tr><td colspan="3">合计</td><td>62941</td><td>7.5</td></tr>
</table>

资料来源：教育部国际交流与合作司《来华留学生简明统计》，2018 年，第 278 -282 页。

第三节　留学生教育面临的挑战与问题

随着全球化进程加速，来华留学生教育的投入持续加大、发展态势持续向好。与此同时，也面临来华留学生教育规模与结构发展不协调、奖学金体系建设及运行不完善、学科发展水平和培养质量不高等诸多挑战和问题。

一、来华留学生教育规模发展不充分

近年来，来华留学生教育规模不断扩大，我们已经跻身世界主要留学目的地国行列，但是离留学生教育强国还有一定差距，留学生教育规模发展还存在一定空间。

第一，我国来华留学生的规模与发达国家相比，差距仍然很大。根据美国国际教育协会（Institute of International Education，IIE）2015 年公布的数据，在 2001 年数据统计的全球 210 万名留学生中，前六大留学目的地国依次为美国（28%）、英国（11%）、德国

（9%）、法国（7%）、澳大利亚（4%）和日本（3%）；而2014年，中国在全球留学生市场份额占比排名中跻身前三位。美国国际教育协会2019年数据显示，全球530万名留学生中，中国招收了492185名留学生，在国际留学生教育市场中占了9%的份额。但是与美国和英国等最受欢迎的留学目的国相比，我国的来华留学生规模与占比仍然有很大的提升空间。同样以2019年数据为例，美国招收了1094792名留学生，在全球留学市场中的占比达到了21%。由此可见，我国来华留学生教育政策的实施成效还有待进一步提升，我国离行稳致远地实施“留学中国计划”还有很长的路要走。

第二，我国来华留学生人数在高校在校生总数中所占比例较小，高校的国际化水平仍有提升的空间。2012—2016年，来华留学生占我国高校总人数的比例分别为1.4%、1.4%、1.1%、1.1%、1.2%。而经济合作与发展组织（Organization for Economic Co-operation and Development，OECD）发布的《2020年教育概览》（*Education at a Glance* 2020）显示，2018年，经合组织国家留学生占高等教育在校生总人数的平均值达6.04%；具体到各OECD国家来看，澳大利亚高达26.5%，新西兰高达19.68%，英国高达18.32%，加拿大为13.84%，德国为9.97%，法国为8.77%。根据美国国际教育协会发布的数据，2008—2018年，赴美留学生占高校总数的比例分别是3.5%、3.4%、3.5%、3.7%、3.9%、4.2%、4.8%、5.2%、5.3%、5.5%、5.5%。显然，我国同这些发达国家还有很大差距。具体到各高校的留学生比例，泰晤士高等教育世界大学排名榜（Times Higher Education University Rankings）发布的2019年世界大学排名中，我国清华大学和北京大学的留学生比率分别为11.9%和17%，而英国牛津大学和剑桥大学这一比率分别为40%和37%，美国哈佛大学和麻省理工学院这一比率分别是26%和34%。可见，我国在留学生教育方面还有比较大的发展潜力和空间，未来需要有目的、有计划、有组织地发展来华留学生教育。

第三，我国留学赤字明显，在海外学习的中国留学生人数与来华留学生人数“逆差”仍旧严重。根据教育部的数据，2010年我国各类出国留学人员总计284700人，来华留学人员总计265090人，留学赤字为19610人；2016年，我国各类出国留学人员总计54.45万人，来华留学人员总计44.28万人，留学赤字增长至10.2万人；2017年，我国各类出国留学人员总计60.84万人，来华留学人员总计48.92万人，逆差有所扩大，为11.92万人；2018 年我国各类出国留学人员总计 662100 人，来华留学人员总计 492185 人，留学逆差扩大至 169915 人。再聚焦中美留学赤字问题。对于美国来说，中国连续多年成为美国第一大留学生源国；对于中国来说，美国多年以来都是中国的第二大留学生源国。但从留学生数量来看，2016—2017 学年，有 350755 名中国学生赴美留学，而 2017 年来仅有 23911 名美国学生来华留学，不及中国赴美留学人数的十分之一，中美留学逆差巨大。对此，我国需要加大宏观政策调节力度，完善留学生管理与服务体系，保障来华留学生教育质量，打造“留学中国”品牌。

二、来华留学生教育结构发展不协调

来华留学生教育结构失衡，具体表现为区域结构分布不均衡，生源结构单一，非学历生占比过高、教育层次偏低，学科分布不合理等方面。

第一，来华留学生的区域结构失调。从生源结构来看，尽管近年来，来自其他洲国家的留学生所占的比例越来越高，但亚洲留学生仍旧在来华留学生总数中占据着主导地位。2017 年，亚洲生源占比达到 59.94%，占来华留学生总数的一半多。欧洲生源占比仅为 15.34%，非洲生源仅占比 15.18%，美洲和大洋洲生源占比更小，分别为 8.01% 和 1.52%。从区域结构上看，近年来，东、中、西部地区各高校虽然来华留学生规模逐年增长，但东部无论是招生层次还是规模都明显高于中、西部地区，且差距越来越大。为此，我国亟须进一步加强宏观政策的统筹协调和实施力度，促进来华留学生教育的协调可持续发展。

第二，来华留学生生源的国别发展不均衡。近年来，韩国一直是来华留学生最多的国家，随后分别是泰国、巴基斯坦、印度、美国等国。例如，2018 年 196 个来华留学生生源国中仅有 14 个国家来华留学生人数超过 10000 人，分别是韩国、泰国、巴基斯坦、美国、俄罗斯、印度尼西亚、老挝、日本、哈萨克斯坦、越南、孟加拉国、法国和蒙古国，这 14 国的来华留学生人数总计 268260 人，占 2018 年来华留学生总数约 55%，凸显出来华留学生生源国国别结构不平衡的问题。

第三，来华留学学历生占比有待提高。从教育类别和层次上看，虽然近年来我国来华留学生教育层次不断提升，但依旧存在学历生比例小，高层次留学生少的问题。2018 年来华留学学历生人数超过非来华留学学历生人数，占比超过50%，尽管来华留学学历生占比不断上升，但是学历留学生占比仍旧不高，高层次留学生规模偏小。表2－41反映出2018年来华留学生主要生源国的学历生占比情况，韩国、泰国、美国、俄罗斯、日本均为来华留学生主要生源国，虽然来华留学生总人数基数大，但学历生占比均低于50%，排名前十位的生源国中仅有印度的来华留学学历生占比超过90%。

表2－41 2018年来华留学生规模前十位生源国的学历生占比

序号	国家	留学生总人数/人	学历生/人	学历生占比/%
1	韩国	50600	20548	40.6
2	泰国	28608	11157	39
3	巴基斯坦	28023	24573	87.7
4	印度	23198	21259	91.6
5	美国	20996	3333	15.9
6	俄罗斯	19239	7866	40.9
7	印度尼西亚	15050	8263	54.9
8	老挝	14645	11073	75.6
9	日本	14230	2733	19.2
10	哈萨克斯坦	11784	7925	67.3

资料来源：教育部国际交流与合作司《来华留学生简明统计》，2018年版，第5页。

在来华学历留学生中，修读学士学位的留学生占比较多，攻读硕士、博士学位的占比较低。近年来，我国学历留学生比重逐渐增大，本科生占据来华留学学历生的主体，且占比远大于硕士研究生或博士研究生层次。如表2－42所示，以2009—2018年的10年数据为例，2011年之前，来华攻读硕士和博士研究生学位的留学生占来华留学生总数的比例不足10%。2011年，来华攻读研究生学位的人数达到30376人，在总人数中占比10.4%；到2018年这一比例仍然不足20%。根据2009—2018年的《来华留学生简明统计》数据分析，近十年来，来华攻读硕士研究生的人数快速增长，其占比从2009年的6%增加至2018年的12.1%，但来华攻读博士学位的人数增长较为缓慢。2018年的数据反映出，来华留学博士生的比例仅为5.2%，这与近年来经济合作与发展组织（OECD）国家留学博士生占比普遍达到20%以上的情况存在较大差距。我国来华留学生教育培养单位的学科吸引力不足，优势、特色学科尚不突出，培养硕士和博士等高层次来华留学生的能力有待加强。

表 2-42　2009—2018 年来华攻读研究生学位的人数与比例

年份	研究生类别	人数/人	占来华留学生总数的比例/%
2009	硕士研究生	14227	6
	博士研究生	475	12
2010	硕士研究生	19040	7.20
	博士研究生	5826	2.20
2011	硕士研究生	23453	8
	博士研究生	6923	2.40
2012	硕士研究生	27757	8.50
	博士研究生	8303	2.50
2013	硕士研究生	30828	8.60
	博士研究生	9774	2.70
2014	硕士研究生	36876	9.50
	博士研究生	12114	3.20
2015	硕士研究生	39205	9.90
	博士研究生	14367	3.60
2016	硕士研究生	45816	10.30
	博士研究生	18051	4.10
2017	硕士研究生	53747	11
	博士研究生	22012	4.50
2018	硕士研究生	59444	12.10
	博士研究生	25618	5.20

资料来源：教育部国际交流与合作司《来华留学生简明统计》，2009—2018 年。

第四，来华留学生就读的专业结构失衡。从专业分布来看，尽管来华留学专业选择日趋多元化，但结构尚不合理。留学生主要集中在人文社科类专业，分布在科学（Science）、技术（Technology）、工程（Engineering）和数学（Mathematics）（简称 STEM）领域以及金融（Finance）、会计（Accounting）、管理（Management）、经济（Economics）（简称 FAME）领域的来华留学生数量还不够多。2017 年，来华留学生学习最多的专业（类）为汉语言、工科、西医、文学等，分别占比 39.7%、11.9%、11.0%、8.7%，理科占比仅为 1.6%。而根据 2019 年 OECD《教育概览》（*Education at a Glance* 2019）公布的数据，在经合组织国家招收的留学生中，约有 1/3 的留学生攻读 STEM 专业。具体到各个国家，德国招收的 STEM 专业留学生占本国留学生总数的比例达到 48%。排在德国之后的是美国，进入 STEM 专业领域的留学生比例达到 41%。如果未来我国依旧保持以汉语、中医等优势专业为主的留学生教育结构，而忽视 STEM 专业的留学生教育发展，将使我国在国际留学市场中处于弱势地位，同时会影响对高科技人才的培养，从而进一步影响留学生教育带给国家科技发展的实质效应。

三、奖学金体系建设及运行有待改善

奖学金是扩大留学生招生规模、发展留学生教育的重要途径。近年来，我国政府奖学金资助力度明显增强，但是，获得中国政府奖学金的分布情况及体系建设方面依然存在以下几方面问题。

第一，政府来华留学生奖学金覆盖面不足。中国政府奖学金是来华留学生获得资助的主要经济来源，但目前获得中国政府奖学金的来华留学生人数较为有限。如表 2－43 所示，2009—2018 年，来华奖学金留学生数量虽然一直保持高速增加，但总体占比仍然较低。2018 年，奖学金生占来华留学生总人数的比例仅为 12. 79%，对比世界留学生教育大国的差距较大。

表 2－43　2009—2018 年来华留学生奖学金生数及占比情况

年份	来华奖学金留学生人数	来华留学总人数	奖学金人数占比/%
2009	18245	238184	7. 66
2010	22390	265090	8. 45
2011	25687	292611	8. 78
2012	28768	328330	8. 76
2013	33322	356499	9. 35
2014	36943	377054	9. 80
2015	40600	397635	10. 21
2016	49022	442773	11. 07
2017	58572	489172	11. 97
2018	62941	492185	12. 79

资料来源：教育部国际交流与合作司《来华留学生简明统计》，2009—2018 年。

以南亚为例，南亚地区来华留学生奖学金总量偏低、支持力度不足的问题较为突出：一方面，奖学金生数总量偏低，依据 2010—2015 年《来华留学生简明统计》数据计算出，2010—2015 年，仅有 14. 5% 的南亚来华留学生获得中国政府奖学金，绝大多数来华留学生没有获得中国政府奖学金的支持；另一方面，部分南亚国家来华留学生具备规模优势，但奖学金生数偏低。如印度作为南亚来华留学的重要生源地，2010—2015 年，印度来华留学生规模占到南亚 8 国的 38. 4%，然而奖学金生数占比较低，仅占南亚奖学金生数的

8.6%、占本国来华留学生人数的比例则仅为2.6%。此外，孟加拉国、斯里兰卡等南亚国家奖学金生数涨幅低于该国来华留学生总量增速，从而使奖学金生数占比持续走低。

第二，来华留学生奖学金体系较为单一。目前，我国来华留学生奖学金体系建设并不完善、体制机制不健全、奖学金类型也不丰富。较突出的问题是奖学金资金来源渠道单一，主要依靠中央政府，地方政府、高校、非政府组织及个人对来华留学生的资助较为有限；以政府为主，高校、企业协同的多元化奖学金投入体系尚未建立；个别高校虽然设立了学校奖学金，但由于管理体系和过程不够科学，加之经费来源和力度不足，未能形成稳定且符合国际惯例的奖学金体系。此外，我国政府及高校较少与企业联合共同为留学生提供奖学金支持，同时鼓励其他社会组织、自然人设立各类来华留学生奖学金的制度和渠道不畅通，适应市场需要的来华留学生教育投入机制尚未形成。

第三，来华留学生奖学金的管理制度不健全。其一，在奖学金资助对象上，奖学金类型大部分针对新申请的留学生，而针对优秀在校生的奖学金非常少，缺少对优秀在校留学生的激励政策。其二，每年通过中国政府奖学金来华攻读硕士、博士学位的公费生数量增长有限，比例不高。其三，奖学金管理过程中的高校自主权不充分。来华留学生招生高校自主提高奖学金的管理和使用效率的积极性高，奖学金过程管理缺失或把关不严，奖学金年审制流于形式，缺乏有效的优胜劣汰机制的现象还普遍存在。

四、来华留学生教育质量有待提高

《中国教育现代化2035》明确提出：实施留学中国计划，建立并完善来华留学教育质量保障机制，全面提升来华留学生教育质量。目前，我国已经成为亚洲最大的留学目的地国，来华留学生教育在取得突出成绩的同时，还面临一系列教育质量不高的发展瓶颈问题，以质量提升为核心的来华留学教育体系尚未建成。目前，提升教育质量面临的主要问题是来华留学生录取门槛较低、生源质量不佳，来华留学生培养目标定位不准确，来华留学生课程体系和教学方法有待改善以及来华留学生教育质量保障机制不健全等方面。

第一，来华留学生录取门槛较低、生源质量不佳。根据我国《来华留学生简明统计》的数据显示，近年来，来华留学生主要来自亚洲与非洲等教育水平较低的国家和地区，这是我国来华留学生教育质量问题的根源所在。以上国家和地区的优质生源主要流向了西方发达国家或本国名校，而来中国留学的学生成绩一般属于中下水平。并且，有研究显示

70.1%的留学生只有在获得奖学金的情况下才愿意来华留学，奖学金已经成为吸引亚洲、非洲一些经济发展落后国家及地区来华留学生的主要因素。来华留学生入学门槛低是生源质量偏低的重要因素，主要诱因至少表现在三个方面：一是盲目扩招来华留学生，质量把关不严；二是缺乏专门招生制度，大部分高校尚未能完全依据自身特色，充分梳理比较优势，以目标生源和目标生源地为依据，制定行之有效的招生策略；三是招生管理过程衔接不畅，我国高校内部对于来华留学生的招生工作没有形成“一盘棋”，招生工作主要由外事部门或留学生管理机构负责，与后续的培养和管理的衔接不够。

第二，来华留学生培养目标的定位不准确。一方面，高校没有根据来华留学生的文化差异及教育水平差异制定合理的培养目标。来华留学生的生源国不同，意味着他们拥有不同的社会制度、经济发展水平、教育发展程度背景，他们来华前所具备的基础知识、基本技能以及专业技能等存在差别，这使他们来华后的学习及情境融入存在显著差异，对于后续的学习也存在差异化需求。从毕业后去向来看，部分学生具有较强的留华意愿，部分学生则选择回国就业；一些学生毕业后会继续深造，从事科研工作或担任高校教师，而有些学生毕业后会直接进入企业和公司，不同的职业选择所需的知识及技能侧重点也会存在差异。然而，我国许多高校并没有根据留学生的生源特点、学科专业特点以及未来发展选择等因素，制定具有针对性的培养目标，对于基础理论和专门知识、专门技能掌握程度以及应达到的学习要求等缺乏明确的规定。另一方面，我国各高校的特色定位不够准确。每一所大学的办校历史、学科优势都各不相同，高校应该认清或打造自己的办学特色、教育理念，挖掘自身优势，有针对性地开展来华留学生教育。

第三，课程体系和教学方法有待改善。课程体系建设是提升来华留学生教育质量的核心要素。有调查表明，来华留学生对于来华留学的教育收益，更多的感受是来自其汉语能力、适应能力、社会交往能力等方面的提升，而对于留学所获得的专业知识、技能、学术能力等方面的提升感受不多。目前，我国高校的留学生课程体系建设存在课程质量不高、教学模式和方法单一、教材国际化程度不高和师资力量不足等问题。具体来说，一是留学生课程设置与本土学生趋同化，课程内容缺乏针对性，课程设置与内容设计的国际化程度不高；二是留学生课程缺乏地域文化特色，各校课程千篇一律；三是高校设置的选修课偏少，未能提供多层次、多形式且具有中国特色的选修课程；四是课程体系设计的跨校联合度较低，同城、同省的高校也鲜有建立公共选修平台，课程资源互补有限、课程体系建设水平不高；五是针对来华留学生的全英文课程数量不足，全英文课程的覆盖面、课程内容及教学方式方法还无法适应实际需求；六是面向留学生的课程计划及期末测评等缺乏差异性等，制约了来华留学生教育质量提升。此外，我国高校英文授课尚不能满足来华留学生教育的需求，中文授课仍然是目前各培养单位课程教学的主要方式，从某种程度上制约了教育教学效果。

第四，来华留学生教育质量保障机制不健全。一是来华留学生教育质量保障政策不完善，主要体现在命令型政策较多，针对性及灵活性不足；能力建设政策的长期规划不足，难以满足来华留学生的实际需要；制度变迁政策工具和激励性政策工具选择不足，难以促进政策的有效实施。二是来华留学生社会化管理程度不高，学校内部保障机制与政府、社会等外部保障机制的协作程度不高。目前看来，来华留学生管理工作主要由学校内部承担，与外部社会资源的联动服务体系还暂未建立。三是第三方来华留学质量认证还未落实。第三方认证是指由外部认证机构对高校的教学水平和质量进行评价。第三方认证是高等教育国际化发展的迫切需要，也是来华留学教育质量保障的重要手段，但目前我国对于鼓励第三方行业组织制定认证标准并开展试点认证工作的力度还需加大。

新时代的来华留学生教育已步入从规模扩张向内涵式发展转变的机遇期，打造“留学中国”品牌，提升来华留学生教育的质量、效益和国际影响力将成为重要命题。

第三章　留学生教育的保障机制

进入21世纪以来，随着我国经济实力的增强以及综合国力的提升，来华留学生规模迅速扩大。根据教育部发布的数据显示，2018年共有来自196个国家和地区的49.22万名留学生在我国高等院校学习，其中学历生25.81万人，占总数的52.44%，同比增幅6.86%。我国已成为亚洲最大的留学目的地国，是全球范围内学生流动的主要目的地国家之一。来华留学生规模的迅速扩大对来华留学生教育的保障机制提出了更高要求，来华留学生教育保障机制建设也面临着需要适时跟进的现实挑战。进一步完善来华留学生教育保障机制是今后一段时期内来华留学生教育发展的客观需要。

第一节　留学生教育质量的保障机制

质量是来华留学生教育的生命线，是来华留学生教育是否可持续发展的根基。提高质量是来华留学生教育的永恒话题和应有之义。来华留学生教育质量决定了来华留学的效益，关乎我国的国际形象以及我国教育的国际话语权和参与度。来华留学生规模的迅速增长对来华留学生教育质量提出了更高的要求。2016年4月，中共中央办公厅、国务院办公厅印发的《关于做好新时期教育对外开放工作的若干意见》将“加快留学事业发展，提高留学教育质量”作为新时期教育对外开放的重点工作之一。2017年7月1日施行的

《学校招收和培养国际学生管理办法》则对高校建立健全教育教学质量保障制度提出了明确要求。2018年9月，教育部在印发《来华留学生高等教育质量规范（试行）》的通知中明确要求“完善来华留学质量保障体系”。2019年2月，中共中央、国务院印发的《教育现代化2035》中也明确提出“建立并完善来华留学教育质量保障机制，全面提升来华留学质量”。而提高质量的重要路径即是建立健全的质量保障机制。因此，针对来华留学生教育质量保障机制的构建开展研究具有重要的理论和现实意义。

一、来华留学生教育质量保障机制的内涵

对于质量概念的探讨是认识来华留学生教育质量保障机制内涵的前提。“质量”一词源于拉丁文 qualis，意为“某一种的”。实践中，质量一词常见于企业管理中对产品的要求。当前，学术界并未对质量有一个统一的界定。《现代汉语词典》中，质量共有两个方面的含义：一是表示物体惯性大小的物理量；二是产品或工作的优劣程度。此处的质量即指的是第二个方面的含义。综合各方的观点，我国国家质量监督检验检疫总局、国家标准化管理委员会发布的2016版《质量管理体系基础和术语》中将质量界定为“一组固有特性满足要求的程度”。就教育质量范畴而言，英国高等教育质量保证署（Quality Assurance Agency，QAA）将质量界定为“为学生提供适当的和有效的教学、支持、评价从而帮助学生完成学业的程度”。我国有学者指出：“高等教育的质量体现为高等教育所提供的产品和服务满足社会和个人需要的程度、满足高等教育自身发展的程度。因此，社会需要及其得到的满足的程度是高等教育质量检验的标准。适应性是高等教育质量的本质属性。”综合以上观点，本研究中的教育质量指的是教育提供的产品以及教学、管理与服务等满足社会、个人及教育自身发展需要的程度。

质量保障以全面质量管理理论作为理论基础。全面质量管理（Total Quality Management，简称TQM）由美国费根堡姆（A. V. Feigenbaum）提出，其主要观点可概括为三个方面：

第一，质量管理的对象不仅是产品质量，还应包括工作质量。

第二，质量管理不应局限于产品制造过程的管理，还应该扩展到与质量有关的所有环节。

第三，质量管理不仅是专门的管理人员的事，还应该要求全员参与，让所有相关人员为质量的提高做贡献。

教育质量既要满足政府、社会、高校的需要，又要满足学生个人以及教育自身发展的需要。从利益相关者的视角看，教育质量保障涉及多方面的利益主体：学生、政府、社会以及高校等。来华留学生教育质量保障指政府、高校、社会等相关主体为维持和提高来华留学生教育质量而实施的有计划、有组织、有系统的质量持续提高活动。

根据《现代汉语词典》的界定，机制共有四个方面的含义：一是指机器的构造工作原理，如计算机的机制；二是指机体的构造、功能和相互关系，如动脉硬化的机制；三是指某些自然现象的物理、化学规律，也称机理；四是泛指一个工作系统的组织或部分之间相互作用的过程和方式，如市场机制、竞争机制等。此处的机制指的是第四个方面的含义。本研究中的来华留学生教育质量保障机制即指来华留学生教育质量保障体系中，政府、高校、社会等相关主体为维持和提高来华留学生教育质量而相互作用的过程和方式。

二、来华留学生教育质量保障机制的构建意义

面对世界范围内人才的竞争加剧、整合分化及我国教育现代化与教育强国建设的战略需要，来华留学生教育面临着“提质增效、内涵发展”的重大历史任务。而质量的提高离不开质量保障，离不开质量保障机制建设提供制度规制和安排。在当前来华留学生教育质量保障机制尚不健全的背景下，推进来华留学生教育质量保障机制建设是新时代赋予来华留学生教育的重大历史使命。构建起完善的来华留学生教育质量保障机制对我国打造国际留学中心、实现留学生教育强国建设目标等具有极其重要的战略意义。

（一）推进来华留学生教育可持续发展的客观需要

1949 年以来，来华留学生教育发展取得了令世人瞩目的巨大成就，为深化我国与世界各国的交流合作、增进我国人民与世界各国人民的了解与友谊作出了重要贡献。步入新时代，面临世界百年未有之大变局，来华留学生教育承载着助力构建人类命运共同体、推动中外人文交流以及为实现中华民族伟大复兴的中国梦和为共建“一带一路”提供人才支撑的重大历史使命。在当前及今后一段时期，推进并实现来华留学生教育的可持续发展具有重大的战略意义和深远的历史意义。但我们应认识到，在新的形势下，随着来华留学生规模的扩大和来华留学生教育的发展，来华留学生教育面临着诸多问题与挑战。其中之一即是来华留学生教育的质量保障机制尚未建立健全，具体表现为：来华留学生教育质量保障缺乏法律依据、来华留学生教育质量保障体系不健全、来华留学行业协会的作用未有效发

挥、来华留学生教育的质量保障机构尚未建立等方面。面对来华留学生教育发展的新形势，来华留学生教育质量保障机制建设已成为来华留学生教育发展的当务之急。构建符合我国国情的来华留学生质量保障机制是来华留学生教育的内在要求，是推动来华留学生教育可持续发展的客观需要。

（二）提高来华留学生教育质量的重要举措

21 世纪以来，随着来华留学生规模的迅速扩大，来华留学生教育质量建设日益受到我国政府的高度重视。2010 年 9 月发布实施的《留学中国计划》将“扩大规模，优化结构，规范管理，保证质量”作为来华留学工作方针。来华留学生教育在扩大规模的同时，要求保证质量。2014 年 12 月召开的全国留学工作会议将“规模与质量并重”作为五大留学工作原则之一。《教育现代化 2035》则明确强调，通过建立完善来华留学生教育质量保障机制，提高来华留学生教育质量。来华留学生教育质量保障机制的构建将为来华留学生教育质量的维持与提高提供制度规制与安排，是提高来华留学生教育质量的重要举措。

（三）提升教育国际化水平的客观要求

当前，世界范围内的教育国际化趋势日益增强，教育国际化潮流方兴未艾。实施教育国际化战略、推进教育国际化发展是发达国家的普遍选择，也是我国提高教育国际竞争力、有效参与全球教育治理的必然选择。教育国际化水平是衡量我国教育国际竞争力的重要尺度，是我国参与全球教育治理能力的重要构成因素，教育现代化和教育强国建设过程必然亦是教育国际化水平不断提升的过程。留学生教育是教育国际化建设的重要内容，是教育国际化水平的显性标志。留学生教育的质量高低是衡量一国教育国际化发展水平的重要尺度。提升我国教育国际化水平客观上要求提高来华留学生教育质量，建立健全来华留学生教育质量保障机制。

（四）打造“留学中国”品牌的必然选择

打造“留学中国”品牌是推动中国教育“走出去”，为解决人类问题贡献“中国智慧”和“中国方案”的重要抓手，是提高来华留学生教育国际竞争力的有效途径。自 2010 年 9 月颁布的《留学中国计划》明确提出“打造中国教育的国际品牌”以来，党和国家发布的《关于做好新时期教育对外开放工作的若干意见》《中国教育现代化 2035》《加快推进教育现代化实施方案（2018—2022 年）》等重要文件均提及打造“留学中国”品牌。“留学中国”品牌的打造归根结底要依赖于质量，依赖于来华留学生教育在全球留学生教育市场中的“以质取胜”。质量是构成“留学中国”品牌的基石，而一个完善的质量保障机制则是这个基石的重要组成部分。

（五）推进来华留学生教育“管办评分离”的重要内容

推进来华留学生教育“管办评分离”是我国政府转变职能、提高效能的重要举措，是来华留学生教育管理体制改革的方向。2010 年 7 月颁布实施的《国家中长期教育改革和发展规划纲要（2010—2020 年）》提出“以转变政府职能和简政放权为重点，深化教育管理体制改革”。《关于深入推进教育管办评分离促进政府职能转变的若干意见》强调“推进管办评分离，构建政府、学校、社会之间新型关系，是全面深化教育领域综合改革的重要内容，是全面推进依法治教的必然要求”。构建来华留学质量保障机制是构建来华留学生教育管理中政府、高校与社会之间新型关系的重要途径。构建来华留学生教育质量保障机制，一方面，推动政府简政放权，转变职能，深化来华留学生教育放管服改革；另一方面，发挥行业协会与社会组织的优势，推动社会“评”起来，在来华留学生教育质量保障中构建政府、学校、社会之间的新型关系。因此，构建来华留学生教育质量保障机制既是深化来华留学生教育管理体制放管服改革的必然要求，也是推进来华留学生教育“管办评分离”的重要内容。

三、来华留学生教育质量保障机制的构建原则

构建起完善的来华留学生教育质量保障机制是确保来华留学生教育人才培养质量的重要举措，亦是实现来华留学生教育可持续发展的必然要求。来华留学生教育质量保障机制的构建既要契合来华留学生教育质量发展的内在需要，又要遵循质量保障的一般规律；既要立足于中国国情，扎根于中国大地，又要面向世界，融通中外。

（一）坚持质量保障的内外结合

坚持质量保障的内外结合，是来华留学生教育质量保障机制构建的首要原则。来华留学生教育质量保障是高校内部来华留学生教育质量保障与高校外部来华留学生教育质量保障的有机结合，是二者的统一体。高校内部来华留学生教育质量保障为高校外部来华留学生教育质量保障提供实践经验和启示，高校外部来华留学生教育质量保障则为高校内部来华留学生教育质量保障提供规制与指导，二者相互作用、相互依存。整个来华留学生教育的质量保障是通过内外质量保障的有机联动而实现的。因此，来华留学生教育质量保障机

制的构建应将高校内部来华留学生教育质量保障与外部来华留学生教育质量保障互通互联、有机结合。

（二）重视高校内部质量保障

来华留学生教育质量保障机制建设的目的是维持和提高来华留学生教育质量，推动来华留学生教育的内涵建设与发展。而高校是来华留学生教育的办学主体，是来华留学生教育的具体实践者，是维持与提高来华留学生教育质量的具体承载者。高校是整个来华留学生教育质量保障体系中的关键主体，其内部质量保障是整个来华留学生教育质量保障体系中的重要组成部分。我国教育部于 2015 年 5 月印发的《关于深入推进教育管办评分离促进政府职能转变的若干意见》明确要求“引导和支持学校切实发挥教育质量保障主体作用，不断完善内部质量保障体系和机制，认真开展自评，形成和强化办学特色”。因此，来华留学生教育质量保障机制建设的目的和重点应指向高校内部来华留学生教育质量保障。高校内部来华留学生教育质量保障是整个来华留学生教育质量保障的基础。基于来华留学生教育的特点，高校应建立起健全的来华留学生教育质量保障体系以及由准入、评估、审查与退出等环节构成的来华留学生教育质量保障机制，形成推动来华留学生教育质量维持与提高的一个持续运转的良性循环。

（三）坚持质量标准化与多样化的统一

坚持质量标准化与多样化的统一是来华留学生教育质量保障机制构建的又一原则。多样化已成为世界范围内许多国家和地区提高高等教育质量的一种策略。例如，在教育质量保障中坚持质量的多样化是美国长期秉持的一项重要原则。美国高等教育发展历程也表明，认证在维持和鼓励高等院校的多样性和保障高等教育质量方面起到了重要作用。当前，我国开展的本科教学水平审核评估即是坚持质量标准化与多样化相统一的具体实践。同样，来华留学生教育质量保障亦应坚持质量标准化与多样化的统一。其中，标准化指的是来华留学生教育质量具有一定的质量标准，高校来华留学生教育活动的开展应以此为前提和基础；多样化指的是高校来华留学生教育在符合基本质量标准的前提下，自主地发展具有自身特色的来华留学生教育，最终在全国范围内形成多样化的来华留学生教育。来华留学生教育质量保障机制的构建须以来华留学生教育的质量标准作为基本依据，同时要兼顾来华留学生教育多样化发展需要，坚持标准化基础之上的多样化，实现二者的有机统一。

（四）坚持质量保障的“管办评分离”

“管办评分离”是我国教育体制机制改革的主要方向。《关于深入推进教育管办评分离促进政府职能转变的若干意见》强调“推进管办评分离，构建政府、学校、社会之间新型关系，是全面深化教育领域综合改革的重要内容，是全面推进依法治教的必然要求”。2017 年 9 月，中共中央办公厅、国务院办公厅印发的《关于深化教育体制机制改革的意见》将“深化简政放权、放管结合、优化服务改革，把该放的权力坚决放下去，把该管的事项切实管住管好，加强事中事后监管，构建政府、学校、社会之间的新型关系”作为深化教育体制机制改革的基本原则之一进行了阐述。来华留学生教育质量保障机制的构建应坚持“管办评分离”的重要原则，建立起政府、学校、社会之间的新型关系。具体来讲，在来华留学生教育质量保障机制的构建中，政府是“管”的角色，学校是“办”的角色，社会是“评”的角色，三者有机统一于来华留学生教育质量保障体系与机制中。

首先，政府切实“管”起来，做好来华留学生教育质量保障的顶层设计与制度安排，同时，该放权的放权，委托独立于政府之外的质量保障机构负责来华留学生教育质量保障的组织实施。其次，学校要“办”起来，建立起完善的内部质量保障体系。高校是来华留学生教育的办学主体，要通过建立起完善的来华留学生教育内部质量保障体系与机制，推动来华留学生教育质量的持续提高。最后，社会要“评”起来。高等教育质量保障关键的一点就是要将评估权交由非政府组织进行，保证评估按照教育规律来进行设计与具体操作，为实现效果创造条件。社会要通过质量保障机构与认证机构组织开展来华留学生教育的评估与认证，建立起来华留学生教育质量的评估与认证机制。

（五）坚持扎根中国与面向世界相结合

来华留学生教育质量保障机制的构建首先要扎根中国大地，符合中国国情，符合我国的现行教育体制及来华留学生教育发展实际。高等教育质量保障机制既是本国高等教育体制、结构与文化的结果，也是参与体制、结构和文化的建构过程。来华留学生教育质量保障机制亦不例外，其构建既是我国现有的高等教育及来华留学生教育体制、结构与文化的结果，同时亦积极参与到我国高等教育及来华留学生教育体制、结构和文化的建构过程，具有中国特色。其次，来华留学生教育质量保障机制的构建应面向世界，吸收借鉴国际教育质量保障机制构建的成功经验为我所用，提高机制建设的国际化水平。

四、来华留学生教育质量保障机制的构建路径

面对打造国际留学中心的战略目标，来华留学生教育质量保障机制建设肩负着推动来华留学生教育“提质增效，内涵发展”的重要历史使命。在世界范围内，在高等教育质量保障方面，国家质量保障模式与行业协会质量保障模式是两类主要的高等教育质量保障模式。国家质量保障模式是在政府主导下由专门的机构负责高等教育质量保障实施的组织，英国和澳大利亚采用的就是国家质量保障模式。例如，英国的高等教育质量保证署（Quality Assurance Agency，QAA）、澳大利亚的高等教育质量与标准署（The Tertiary Education Quality and Standards Agency，TEQSA）；美国采取的则是行业协会质量保障模式，通过有关行业协会对高等教育进行专业认证和机构认证实施高等教育质量保障。我国应基于我国的国情及教育管理体制，积极探索适合我国国情及教育管理体制的来华留学生教育质量保障模式。我们认为，基于国家质量保障模式与行业协会质量保障模式相结合的混合型模式，是我国来华留学生教育质量保障模式发展的方向。在此模式中，我们应基于我国的国情及来华留学生教育发展实际，扎实推进来华留学生教育体制机制改革，建立起“管办评分离”来华留学生教育管理体制，建立起“政府主导、社会参与、高校主体”的来华留学生教育质量保障机制，为来华留学生教育的可持续发展提供质量保障。在这个机制中，政府在推进来华留学生教育质量保障立法、设立来华留学生教育质量保障机构、制定来华留学生教育质量标准等方面发挥主导作用，组织开展有关来华留学生教育的准入与质量评估等工作；有关行业协会与社会组织积极参与来华留学生教育质量保障活动，承担起来华留学生教育的质量认证以及行业自律等职责；高校发挥来华留学生教育的办学主体作用，通过建立起来华留学生教育内部质量保障体系和机制，推动来华留学生教育质量的持续提高。

（一）推进来华留学生教育质量保障立法

建立完善的法律保障体系是美、英、法、德、日、荷、澳等发达国家高等教育质量保障的一条重要经验。推进来华留学生教育质量保障的立法，既是对来华留学生教育进行宏观管理和调控的重要手段，也是开展来华留学生教育质量保障的重要依据。首先，完善来华留学生教育质量保障的相关立法，明确来华留学生教育质量保障的法律地位和法律依据。通过修订相关法律，将来华留学生教育质量保障以法律条文的形式确定下来，使来华

留学生教育质量保障活动在法制框架内规范开展，提高来华留学生教育的依法治教水平。其次，完善来华留学生教育质量保障的政策体系。来华留学生教育质量保障尚属于新生事物，政策体系尚不健全。我国应在立法的基础上，逐步完善来华留学生教育质量保障中的评估、认证等方面的具体政策，构建起完善的来华留学生教育质量保障的政策体系。

（二）完善来华留学生教育质量保障体系

以高校为边界，来华留学生教育质量保障体系可分为来华留学生教育外部质量保障体系和高校来华留学生教育内部质量保障体系。前者是大学外部针对来华留学生教育质量保障的系统规制与安排，后者则是一所高校内部采取的来华留学生教育质量保障的系统政策和实践。

一方面，我国应完善来华留学生教育外部质量保障体系。首先，设立全国性的来华留学生教育质量保障机构。成立独立的教育质量保障机构是英国、澳大利亚等国教育质量保障的有益经验。英国高等教育外部质量保障体系中最主要的质量保障组织是高等教育质量保障署（QAA），该机构是一个独立的非官方机构，它虽然接受政府委托承担对高等教育机构进行质量保障的任务，但其具体工作并不由政府直接掌控，而是由独立的理事会负责。来华教育质量保障机构由政府授权，独立自主地负责有关来华留学生教育的准入、评估及审核等实施的组织。其次，确立来华留学生教育质量标准。在此方面，我们应立足于我国高等教育实际及来华留学生教育人才培养需要，确立来华留学生教育质量标准体系，作为全国开展来华留学生教育的质量依据。最后，建立来华留学生教育质量认证机制。支持来华留学生教育行业协会承担起来华留学生教育的认证工作，组织开展来华留学生教育的院校与学科专业认证。

另一方面，我国应完善高校内部来华留学生教育质量保障体系：一是高校设立来华留学生教育质量保障机构，具体承担高校来华留学生教育质量保障的组织实施及有关标准的拟订等；二是基于全国性的来华留学生教育质量标准，结合本校的来华留学生教育发展定位及发展实际，制定本校的来华留学生教育质量标准，作为本校开展来华留学生教育的基本依据；三是建立健全本校来华留学生教育的准入、评估、审查、退出等相关机制，形成来华留学生教育质量保障的良好运转体系。

（三）推进来华留学生教育质量保障的专业化

专业化的标志是专业组织、学术共同体、专业学术期刊的形成。国际高等教育质量保障协会（International Network for Quality Assurance Agencies in Higher Education，INQAAHE）、欧洲高等教育质量保障协会（European Network for Quality Assurance in Higher Education，ENQAHE）、亚太地区质量保障组织等通过开展质量保障专业培训、设立质量保障研究生专业项目等措施培育学术共同体，以促进质量保障的专业化发展。借鉴教育质量保障的国际经验，我们应采取有效措施推进来华留学生教育质量保障的专业化发展。一是在高校设立教育质量保障相关专业学位或方向，招收具有教育学等相关学科背景或直接从事来华留学生教育管理、具有来华留学生教育工作经历的人员，培养高层次的来华留学生教育质量保障专业人员；二是成立来华留学生教育质量保障专业协会，组织开展来华留学生教育质量保障的学术研讨、人员培训等，提高来华留学生教育质量保障从业人员的专业化水平；三是积极与国外教育质量保障组织和机构开展交流合作，在跨境教育质量保障中交流经验、开展合作；四是创办来华留学生教育质量保障专业学术期刊，开展来华留学生教育质量保障的学术研究。

（四）推动来华留学生教育质量保障机构的规范化

作为教育质量的维护者，教育质量保障机构在开展质量保障活动时应是客观、公正、透明的。国际高等教育质量保障协会发布的《质量保障优秀实践指南》（*Guidelines of Good Practice in Quality Assccrance*）中强调外部质量保障机构应“对自身活动有持续的质量保障，以适应高等教育变化，确保质量保障的有效性及其绩效目标的实现”。来华留学生教育质量保障机构的规范化是来华留学生教育质量保障活动有效开展的前提。因此，推动来华留学生教育质量保障机构的规范化建设是来华留学生教育质量保障机制构建的重要内容。在此方面，一是确保来华留学生教育质量保障机构的独立性，受政府委托，但独立于政府之外；二是打造专业化的来华留学生教育质量保障从业人员队伍，强化质量保障的能力培养和专业培训；三是来华留学生教育质量保障机构积极开展自我评估，接受社会问责；四是引进第三方评估机构，如国际高等教育质量保障协会对来华留学生教育质量保障机构进行评估。

第二节　留学生教育的队伍建设机制

随着来华留学生规模的扩大，来华留学生教育的发展，来华留学生教育队伍建设提上议事日程。来华留学生教育队伍是来华留学生教育的生力军，来华留学生教育的发展离不开来华留学生教育队伍的支撑。来华留学生教育队伍建设关系到来华留学生质量的培养，关系到来华留学生教育的长远发展，在整个来华留学生教育体系中具有极为重要的战略性、基础性和根本性地位。新形势下，来华留学生教育发展的战略需要对来华留学生教育队伍建设提出更高的要求。展望未来，形成一个良性运转的来华留学生教育队伍建设机制，对于来华留学生教育的可持续发展具有十分重要的战略意义。

一、来华留学生教育队伍的人员构成

在实践中，来华留学生教育队伍由来华留学生管理人员、来华留学生辅导员、来华留学生师资三支队伍构成。

顾名思义，来华留学生管理人员指的是负责来华留学生管理的工作人员。狭义上讲，来华留学生管理人员指的是直接从事来华留学生涉外行政管理的人员，即高校从事来华留学生涉外事务处理与管理的行政人员。在我国，来华留学生教育具有较强的涉外属性。高校的来华留学生管理通常由学校的外事部门负责，负责来华留学生涉外管理的行政人员亦称之为外事干部或人员。我国官方文件中通常将其称为来华留学生管理干部，简称为留管干部。从广义上讲，来华留学生管理人员亦应包括学校教务部门从事来华留学本科生教务管理、学校研究生部门从事来华留学研究生培养管理以及学院从事涉及来华留学生教学与培养管理的人员等。本研究遵循官方的这一界定，即沿用来华留学生管理人员的狭义概念，本研究中的来华留学管理人员仅指高校外事部门从事来华留学生涉外管理的行政人员，即留管干部。

来华留学生辅导员指的是高校直接从事来华留学生学习、生活辅导以及信息、咨询、文体活动等服务工作的人员。近年来，随着来华留学生规模的扩大，来华留学生辅导员建设被提上议事日程。在改革开放之后的较长一段时期内，来华留学生教育呈现出明显的政治外交本位特征。鉴于来华留学生的涉外身份，来华留学生管理人员通常被称为外事干部。我国高校来华留学生的事务管理主要由外事干部承担，未设置专门的辅导员岗位。在新形势下，来华留学生教育逐渐由政治外交本位向教育本位转变，我国开始探索来华留学生辅导员队伍的建设工作。2010 年，建立辅导员工作制度在教育部门的文件中被明确提出。当年 6 月，教育部下发《教育部关于进一步加强来华留学人员管理服务工作的通知》要求“建立辅导员工作制度，做好日常管理工作”。2017 年 7 月，由教育部、外交部、公安部联合制定的《学校招收和培养国际学生管理办法》（以下简称《管理办法》）颁布实施，对高校辅导员岗位设置进行了规定：“高等学校应当设置国际学生辅导员岗位，了解国际学生的学习、生活需求，及时做好信息、咨询、文体活动等方面服务工作。国际学生辅导员配备比例不低于中国学生辅导员比例，与中国学生辅导员享有同等待遇。”自此，来华留学生辅导员队伍建设进入全面启动阶段。

来华留学生师资指的是高校直接从事来华留学生教学或担任来华留学生导师的教师。来华留学生除预科生、语言进修生之外，一般分散在各学院的相关专业中学习，因此，高校的普通师资尤其是从事专业课教学的师资一般亦是来华留学生的师资。近年来，随着来华留学英文授课专业的增多，来华留学英文授课师资成为高校来华留学生师资的重要构成，成为来华留学生师资队伍建设的重点。

二、来华留学生教育队伍的建设进展

我国对来华留学生教育队伍建设进行了积极的探索，并通过发布一系列文件对来华留学生教育队伍建设进行了部署和安排。2010 年颁布实施的《留学中国计划》将“造就出一大批来华留学教育的高水平师资”作为面向 2020 年来华留学生教育发展的主要目标之一。同时，该计划对来华留学师资建设与管理队伍建设分别进行了部署：“加强来华留学师资队伍建设。结合高等学校人才队伍建设，加强教师外语教学等方面的能力培训，完善来华留学教师业绩评价办法，使一批具有较高学术造诣、精通教学、关爱学生的优秀教师成为来华留学生教育的骨干力量”“完善来华留学管理工作人员培训制度。加强培训机制建设，建设一支相对稳定、爱岗敬业、熟悉外事、精于管理的留学人员管理工作队伍。”《2015—2017 年留学工作行动计划》中强调：“加强师资队伍建设，依托来华留学英语授课师资培训中心分领域、分专业开展师资培训”“高校要按照不低于中国学生辅导员比例配备来华留学生辅导员”“要不断加强留学管理人员综合素质和业务能力培训。”《关于做好新时期教育对外开放工作的若干意见》则强调“加强教育外事干部队伍建设”。围绕着以上部署，我国教育部门对来华留学生教育师资与管理人员队伍开展了一系列培训。据统计，自2012年起，我国教育部门连续举办了26期英语授课师资培训班，培训1300余名教师；举办了18期全国来华留学干部培训班，培训3000多名留管干部。以上培训提高了来华留学生教育师资与来华留学生教育管理人员的外语与跨文化交际等方面的能力，为来华留学生教学与管理工作的有效开展发挥了重要作用。

但我们应认识到，我国当前的来华留学生教育队伍建设尚存在诸多不足：我国已开展的来华留学生教育队伍培训还仅限于来华留学英文授课师资与来华留学生教育管理人员，尚未将来华留学生辅导员纳入其中；我国当前来华留学生教育队伍建设的形式和手段也以培训为主，建设形式和手段单一，尚未形成全面的建设体系；我国尚未制定来华留学生教育队伍建设的规划等。我们应针对这些不足，有针对性地开展来华留学生教育队伍建设。

三、来华留学生教育队伍的建设困境

来华留学生教育队伍建设是一项系统工程，需要明确清晰的顶层设计和政策安排统筹推进。同时，来华留学生群体具有较强的涉外属性，来华留学生的管理体制与中国学生的管理体制亦存在着较大差异。总的来看，来华留学生教育队伍建设面临着以下现实困境。

（一）理论研究不足困境

理论是行动的先导。当前，学术界关于来华留学生教育队伍的研究基本上处于经验阶段，具有较大价值的理论研究成果为数不多，整体上有关来华留学生队伍建设的理论研究较为薄弱。来华留学生管理人员应充当什么样的角色？来华留学生需要怎样的事务管理？来华留学生管理人员与来华留学生辅导员的角色之间有什么区别？来华留学生对辅导员有哪些期待？来华留学生辅导员工作的理论依据是什么？来华留学生辅导员的工作目标是什么？来华留学生辅导员的教育价值是什么？来华留学生辅导员如何开展工作是有教育意义的？来华留学生辅导员工作具有哪些规律可循？来华留学生师资在来华留学生教育培养中的定位是什么？来华留学生师资的必备素养是什么？来华留学生师资建设的路径有哪些？如果不对这些问题予以科学地回答，来华留学生事务及来华留学生辅导员队伍建设等将迷失方向。当前，学术界对来华留学生辅导员队伍建设的研究尚未形成体系化的理论成果。

（二）政策缺位困境

我国当前针对来华留学生教育队伍建设的政策仅是以有关文件中具体条款的形式零散出现，尚未有一个系统的政策设计和安排。来华留学生教育队伍建设面临着政策缺位的现实困境。无论是面向来华留学管理人员队伍建设，还是面向来华留学师资队伍建设，抑或是面向来华留学生辅导员队伍建设，我国都缺乏明确清晰的政策设计和安排。来华留学生教育队伍建设是一项涉及人事、组织、外交外事、教育等部门的复杂系统工程，又是一项关系到来华留学生教育事业长远发展的基础性工程，需要明确的政策对此作出顶层设计和系统部署。譬如，在来华留学生教育师资队伍建设方面，来华留学师资应具备哪些必备素养？来华留学生教育师资的准入条件有哪些？如何开展来华留学生教育师资的评价？等等均需要明确的政策安排。

（三）定位不清晰困境

来华留学生教育队伍中，来华留学生管理人员作为来华留学生教育外事干部与来华留学师资作为来华留学生任课教师的定位较明确。来华留学管理人员属于教育外事干部的范畴，《留学中国计划》中将来华留学管理人员队伍建设定位为“建设一支相对稳定、爱岗敬业、熟悉外事、精于管理的留学人员管理工作队伍”。来华留学师资亦属于高校整个师资建设的范畴，《留学中国计划》将来华留学师资队伍建设定位为“使一批具有较高学术造诣、精通教学、关爱学生的优秀教师成为来华留学教育的骨干力量”。而当前，针对来华留学生辅导员队伍建设的定位不清。首先，来华留学生辅导员的专业化发展定位不清晰。在现阶段，来华留学生辅导员主要由来华留学生管理人员转化而来，其专业背景以外语类专业尤其是英语专业为主。来华留学生来自不同的国家，具有不同的语言背景。针对来华留学生这一群体的管理客观上需要辅导员具有较高的外语尤其是英语水平。但来华留学生辅导员所需的专业知识绝不仅仅是外国语言文学学科方面的知识，还需要掌握教育学、心理学、马克思主义理论、法学、公共管理学等学科的知识，需要的是一个综合了多学科的专业知识体系。目前，我国高校并无学生事务管理方面的学科专业设置，来华留学生辅导员的专业化建设缺少明确的学科专业依托，缺乏清晰的专业化发展定位。其次，来华留学生辅导员的职业化发展定位不清晰。经过数十年的建设与发展，我国高校中国学生辅导员队伍已具备清晰的职业准入标准和职业发展路径，已形成较为健全完善的职业化体系，为来华留学生辅导员队伍的建设提供了可资借鉴的重要参考。然而，由于来华留学生教育的特殊性，来华留学生辅导员与中国学生辅导员在职业素养上存在着较大差异。来华留学生辅导员除需必备中国学生辅导员一般性的职业素养的基础上，尚需具备适应来华留学生教育的职业素养。来华留学生文化背景多元、个性迥异以及跨文化适应能力的强弱不同等特点对来华留学生辅导员提出了更高的职业素养要求。来华留学生辅导员不仅需要具有较高的外语水平，更需要具备跨文化管理和育人的能力。然而当前，我国尚未对来华留学生辅导员进行明确的职业定位，更无有关职业准入与职业发展等方面的规定和安排。

（四）管理体制冲突困境

这一困境主要表现为来华留学生辅导员与中国学生辅导员的管理体制冲突。现阶段，来华留学生与中国学生分属于两个不同的管理体制。《管理办法》第二十二条规定“高等学校应当明确承担国际学生管理职能的工作机构，负责统筹协调国际学生的招收、教学、日常管理和服务以及毕业后的校友联系等工作”。根据这一规定，来华留学生辅导员应由承担留学生管理职能的工作机构负责管理。而当前，我国高校中国学生辅导员在高校内部为校院二级管理体制，学校层面由学工处（部）归口统一管理，专业学院负责具体管理。自 2017 年 10 月 1 日起施行的《普通高等学校辅导员队伍建设规定》第十七条规定，“高等学校辅导员实行学校和院（系）双重管理”，具体分工为“学生工作部门牵头负责辅导员的培养、培训和考核等工作，同时要与院（系）党委（党总支）共同做好辅导员日常管理工作。院（系）党委（党总支）负责对辅导员进行直接领导和管理”。对于来华留学生辅导员，则不能完全照搬中国学生辅导员的管理体制。来华留学生辅导员本质上是从事来华留学生事务管理的人员，应由承担留学生管理职能的工作机构负责管理。当前，我国高校内部承担留学生管理职能的工作机构通常有两种模式：国际合作与交流处（内设留学生办公室或具体科室）、国际教育学院（承担全校留学生的管理职能以及语言生的教学任务）。无论是来华留学生辅导员是由国际合作与交流处负责管理还是由国际教育学院负责管理，均与中国学生辅导员的管理体制存在冲突。

四、来华留学生教育队伍的建设机制

建设一支专业化、职业化的来华留学生教育队伍既是新形势下进一步做好来华留学生教育的必然选择，也是来华留学生教育发展的内在要求。在来华留学生教育队伍建设方面，我们既要吸收借鉴国际有益经验，又要扎根中国大地，积极探讨适合中国国情的建设路径，形成来华留学生教育队伍建设的长效机制。

（一）创建来华留学生教育队伍建设理论

来华留学生管理人员的能力构建，来华留学生辅导员队伍的专业化、职业化发展，来华留学师资的必备素养等，均离不开来华留学生教育队伍建设理论的指导。来华留学生教育队伍作为来华留学生教育的重要支撑力量，在人员准入、技能培训与建设路径等方面均需要来华留学生教育队伍建设理论作为基础和支撑。从推动来华留学生教育可持续发展的角度看，来华留学生教育队伍建设有待建立起属于本领域的理论基础和研究范式。在新形势下，随着来华留学生尤其是学历生规模的持续增长，来华留学生的教育管理面临着更趋复杂多元的发展态势，来华留学生教育队伍建设面临新的挑战。通过掌握系统的来华留学生教育队伍建设理论，了解来华留学生教育队伍建设的需要和规律，推进来华留学生教育队伍的建设与发展是新时代发展来华留学生教育的基本要求。具体来讲，来华留学生教育队伍建设理论是包括来华留学管理人员队伍建设、来华留学辅导员队伍建设和来华留学师资建设三个方面的理论体系。我们要植根于来华留学生教育现实土壤之中，针对来华留学生教育队伍建设的实践及未来需要，将经验性、总结性的工作实践逐步上升为科学性、系统性的理论规范，创建具有中国特色的来华留学生教育队伍建设理论。

（二）明确来华留学生教育队伍建设定位

来华留学生教育队伍的建设定位是来华留学生教育建设的目标与方向。首先，进一步明确来华留学生管理人员队伍的建设定位。新时代，来华留学生教育的战略发展对来华留学生管理人员的素质提出了更高的要求。面对世界百年未有之大变局，来华留学生管理人员不仅要紧跟时代步伐，掌握国家外事方针政策，同时，也要熟悉教育工作，要具备较强的管理能力。来华留学生管理人员是来华留学生来华留学后接触到的“第一人”，其管理能力与服务水平在某种程度上代表的是国家和院校的形象，将对来华留学生今后的学习生活产生至关重要的影响。我们应将打造一支“掌握政策、熟悉外事、精于管理、深谙教育的来华留学教育外事干部队伍”作为来华留学生教育管理人员队伍的建设定位。

其次，明确来华留学生辅导员队伍的建设定位。走专业化、职业化发展之路是来华留学生辅导员队伍建设的必然选择，打造成一支专业化、职业化的来华留学生辅导员队伍是来华留学生辅导员队伍建设的终极目标。专业化与职业化是既有区别又有联系的两个概念。专业化指的是从事来华留学生辅导员职业所应具备的专业知识与技能，是这一职业的专业属性和专业地位的体现。职业化指的是来华留学生辅导员这一工作的职业界定、职业准入、职业能力等职业的规范化和标准化，是专业的职业属性和职业地位的体现。专业化与职业化缺一不可，二者相互联系、相互促进，辩证统一于来华留学生辅导员队伍建设进程。为此，我们应将打造一支“专业化、职业化的来华留学生辅导员队伍”作为来华留学生辅导员队伍的建设定位。

最后，进一步明确来华留学师资队伍的建设定位。高素质专业化的教师队伍是来华留学生教育发展的根基所在，来华留学人才的培养离不开高素质的师资队伍。习近平总书记强调“国家繁荣、民族振兴、教育发展，需要我们大力培养造就一支师德高尚、业务精湛、结构合理、充满活力的高素质专业化教师队伍，需要涌现一大批好老师”。我们应围绕有理想信念、有道德情操、有扎实知识、有仁爱之心的好老师标准开展来华留学师资队伍建设。基于此，结合来华留学生教育的特点，我们应将打造一支“师德高尚、学贯中西、精通教学、关爱学生”的来华留学师资队伍作为来华留学师资队伍的建设定位。

（三）制定来华留学生教育队伍建设规划

如前所述，来华留学生教育队伍建设事关多部门、多领域，是一个复杂的系统整体，需要举多方之力共建。而且，来华留学生教育队伍建设非一朝一夕之功，需要统筹谋划，长久发力。因此，制定出中长期的规划是来华留学生教育队伍建设的前提条件和有效保障。我们应基于来华留学生教育队伍建设的实际，立足于我国的教育现代化和教育强国建设，着眼于来华留学生教育的未来发展，适时出台《来华留学教育队伍建设中长期规划》。通过制定规划，对来华留学生教育队伍建设的指导思想、工作目标、建设原则、实施步骤、重点任务等进行明确，对建设的时间表和路线图进行设计，从而为来华留学生教育队伍的建设提供遵循和依据。

（四）建立来华留学事务专业化发展机制

来华留学事务的专业化发展是来华留学生辅导员队伍专业化建设的必要条件。我们应通过建立起来华留学事务的专业化发展机制，为来华留学生辅导员队伍的专业化建设提供保障。首先，建设来华留学事务学科专业。相比高校普通学生事务，来华留学生事务综合性更强，牵涉面更广，专业性更为突出。来华留学生事务涉及教育学、心理学、管理学、传播学与社会学等学科的知识体系，从事来华留学生辅导员岗位须具备跨多学科的专业知识背景。缺乏健全的学科体系支撑，来华留学生辅导员的专业培训和人才培养就会成为空中楼阁，也就难以实现专业化和职业化的发展。应依托教育学学科，在吸收心理学、管理学、传播学与社会学等学科知识的基础上，以来华留学生为研究对象，构建来华留学生事务的话语体系，形成来华留学生事务的研究规范与研究范式，建设来华留学生事务学科。在硕士、博士学位点建设方面，可尝试在教育学学科下设立来华留学生事务专业学位或学术学位硕士、博士点，培养志在从事来华留学生辅导员工作的高级专门人才，以此建立起来华留学生辅导员的人才培养体系，为来华留学生辅导员队伍建设提供人才支撑。

其次，发展行业协会组织。行业协会组织的建立与完善是学生事务管理专业化的重要标志。如前所述，英、美等国家的行业协会组织在学生事务管理人员队伍的专业化、职业化建设与发展进程中发挥了重要作用。来华留学生辅导员队伍的专业化和职业化亦离不开行业协会组织的建立与完善。在现阶段，我国并无来华留学生辅导员工作方面的专门协会组织。有关整个来华留学生教育管理的行业协会组织是成立于 1989 年 12 月的中国高等教育学会外国留学生教育管理分会，该分会与思想政治教育研究分会、学生工作研究分会、辅导员工作研究分会等我国高校普通学生工作有关的行业协会组织并列隶属于中国高等教育学会。今后一段时期，基于我国国情及来华留学生教育的特殊性，应尝试在外国留学生教育管理分会的基础上，建立来华留学生辅导员专业委员会以及来华留学生学业指导、文化适应、心理咨询、生涯规划、就业指导、校友工作等来华留学生事务各领域的专业委员会。通过建立和完善以上各专业委员会，为来华留学生辅导员队伍的专业化建设提供行业引领与协会组织保障，逐步提高来华留学生辅导员队伍的专业化水平，推进来华留学生辅导员队伍的专业化和职业化建设。

最后，构建来华留学生事务专业标准体系。专业标准是专业化建设与发展的保障。来华留学生事务专业标准是来华留学生辅导员专业地位的体现，也是对来华留学生辅导员工作质量进行评价的依据。通过制定并不断完善专业标准，引导学生事务管理人员的专业化发展是美国高校学生事务管理队伍专业化建设进程中的重要特色。在此方面，我们可以借鉴美国的经验，构建在国家教育行政主管部门指导下由相关来华留学生事务管理研究团体共同参与的相对独立的第三方来华留学生事务标准委员会，由其负责出台并不断完善我国高校来华留学生事务专业标准体系。该体系应包括三个方面的建设内容：确立来华留学生事务专业标准的指导思想与原则、来华留学生事务工作总体目标、来华留学生事务内容与基本指标等，形成来华留学生事务的通用标准；确定来华留学生事务的具体领域及每一领域的专业标准；出台通用标准与专业标准的配套文件，包括操作手册、工作流程及自我评价指南等。

（五）建立来华留学生教育队伍准入与培训机制

来华留学生教育具有不同于普通中国学生的教育特点。面对来华留学生这一群体，建立起来华留学生教育队伍的准入与培训机制是来华留学生教育队伍建设的必然要求。我们要通过建立健全来华留学生教育队伍的准入与培训体系，推动来华留学生教育队伍的职业化发展。首先，明确来华留学生教育人员的准入条件。具体为明确来华留学管理人员、来华留学辅导员、来华留学师资的准入的基本条件。其中，来华留学生辅导员的准入条件应更为复杂，应明确其职业定位与职业等级，确定每一职位所需的职业能力与专业知识，明确其职业准入的基本资格条件以及各具体业务领域的资格条件。其次，发挥行业协会组织和高校的作用，建立来华留学生教育队伍培训和研修基地，构建起学历学位教育、在职培训研修与资质资格认证相结合的立体式、多层次的来华留学生教育队伍继续教育培训体系，逐步建立起来华留学生教育人员持证上岗制度。

（六）建立来华留学生教育队伍职业激励与发展机制

来华留学生教育队伍建设需要相应的职业激励与发展机制予以配套。首先，给予来华留学管理人员相应的政策激励。来华留学管理人员是工作在来华留学第一线的外事人员，是教育外事干部的重要构成。我们应在薪酬待遇、出国研修、职务晋升等方面给予其政策激励，鼓励更多的优秀管理人员从事来华留学生涉外管理。

其次，建立来华留学生辅导员的职业化发展机制。应结合来华留学生辅导员的职业特点与发展需求，明确来华留学生辅导员的职业发展路径，给予来华留学生辅导员充足的晋升空间，建设一支用得住、留得下的专家级来华留学生辅导员队伍。

最后，给予来华留学师资相应的政策激励。来华留学师资不仅须具备较高的学术造诣和较强的跨文化交际能力，同时，承担来华留学外文授课课程的师资须具备较高的外语水平，这些都对来华留学师资提出了更高的要求。应通过在职称评聘、业绩评价、薪酬待遇、出国研修等方面给予政策支持，鼓励更多的优秀师资投身于来华留学生教学中，使之成为来华留学生教育的骨干力量。

（七）完善来华留学生教育队伍建设政策保障

当前，来华留学生教育队伍建设面临着政策缺位的现实困境。整体上看，来华留学生教育队伍建设的相关政策散见于有关文件中，内容零散，同时，相关的政策制定未跟进，配套不完整，尚未形成系统的政策体系。下一阶段，我们应针对来华留学生教育队伍建设进一步完善有关政策配套，为来华留学生教育队伍建设的顺利开展提供政策保障是今后一段时期来华留学生教育领域需重点推进与开展的关键工作。总的来看，我们需要通过政策制定厘清的问题包括：来华留学管理人员与来华留学生辅导员的职业定位与角色区别、来华留学生教育队伍的职业准入与专业标准、来华留学生教育队伍的在职培训与职业发展、来华留学生教育队伍的职业激励与评价机制、来华留学生辅导员的管理体制与工作机制等。

第三节　留学生教育的经费投入机制

经费投入是来华留学生教育的重要支撑，是实现来华留学生教育可持续发展的重要保障。资源依赖理论认为，在开放的组织环境中，一个组织要生存就必须不断从外部环境中获得资源：原材料，包括资金支持和人力资源、信息、社会和政治的支持，即合法性的支持。其中，资金支持是组织生存须获得的重要外部资源。无论从国家层面上，还是院校层面上，来华留学生教育亦需要持续不断的资金投入。在世界范围内，留学生教育虽属于教育服务贸易的范畴，为教育出口国带来巨大的经济收入，但鉴于留学生作为潜在的“人才与人脉资源”的战略属性，西方发达国家尤其是官方语言为非英语的国家，通常为留学生教育投入大量公共资源，比较典型的国家是法国、德国和日本。作为非英语国家，我国在留学生教育中处于语言劣势地位，而且相对于历史上具有殖民地的法国、德国、西班牙等非英语国家而言，也处于不利地位。对于授课语言在国际学生流动中的重要影响，经济合作与发展组织（Organization for Economic Co-operation and Development，OECD）在其研究报告中强调指出，授课语言譬如英语、法语、德语和西班牙语对国际学生具有较大的吸引力。为此，我国必须打造来华留学生教育的比较优势，唯有如此，方能逐步赶超传统留学目的地国家，实现从“跟跑者”到“领跑者”的转变，而建立起合理的来华留学生教育经费投入机制则是打造比较优势的有效途径。

根据我国法律规定，教育活动必须符合国家和社会公共利益。我国未将来华留学生教育作为一项经济产业，坚持教育的公益性原则是我国开展来华留学生教育活动的基本政策导向。相比较美国、英国、澳大利亚等国，我国面向来华留学生的学费标准相对较低，这也是我国当前吸引国际学生来华留学的重要因素之一。但面对传统留学目的地国家竞相投入大量公共资源吸引国际学生的形势，在我国教育实力及经济社会发展水平尚无法与它们相抗衡的现实状况下，我国有必要加大来华留学生教育经费的投入力度，通过建立起多元化的来华留学生教育经费投入机制，改善来华留学生教育的办学条件，形成以中国政府奖学金为引领的多元化奖学金体系，吸引更多优秀国际学生选择来华留学。

一、完善政府经费投入机制

我国来华留学生教育的管理体制是按照教育分级管理、分工负责的原则，由国务院教育行政部门统筹管理全国留学生教育工作，省级教育行政部门对本行政区域内留学生教育工作进行指导、协调和监管。[1] 从政府层面上讲，政府经费投入以中央政府为主，省级政府为辅。当前，我国在来华留学生教育方面的政府经费投入主要表现为中国政府奖学金，资助根据我国政府与有关国家（地区）政府签订的教育交流协议到我国高校学习或开展科研的留学生。此方面的经费直接拨付高校，大部分由高校统筹用于来华留学生培养、管理等支出，仅生活费发放给奖学金生本人。教育部 2018 年度决算显示，2018 年度教育部来华留学生教育共支出约 33.84 亿元。从支出总量上看，与法国、德国、日本等国相比，仍存在着较大差距。法国高等教育署 2014 年的一项调查报告显示，2013—2014 学年度，法国政府资助留学生的费用可能超过了 31.08 亿欧元。在德国，除了极少数私立高校和艺术类高校之外，公立大学基本上不收学费，德国公共财政每年在留学生教育方面的支出至少在 23.2 亿欧元以上。2016 年，日本政府在留学生教育方面所投入的财政规模至少在 2266

[1] 教育部、外交部、公安部于 2017 年 3 月公布的《学校招收和培养国际学生管理办法》第四条规定：国务院教育行政部门统筹管理全国国际学生工作，负责制定招收、培养同际学生的宏观政策，指导、协调省、自治区、直辖市人民政府教育行政部门和学校开展国际学生工作，并可委托有关单位和行业组织承担国际学生的管理和服务工作；第五条规定：省、自治区、直辖市人民政府教育行政部门对本行政区域内国际学生工作进行指导、协调和监管、负责研究制定本行政区域内学前、初等、中等教育阶段国际学生工作的相关政策。

亿日元以上，处于一个较高的水平。综合以上对比，我国来华留学生教育经费方面的投入尚处于比较低的水平。下一步，我们应着眼于来华留学生教育的战略发展需要，基于我国的经济社会发展实际和财力状况，完善政府经费投入机制，逐步加大来华留学生教育经费的投入力度。

（一）完善来华留学生教育队伍培训经费分配

来华留学生教育的长远健康发展离不开来华留学管理干部队伍、来华留学辅导员队伍、来华留学师资队伍的建设。这三支队伍是来华留学生教育的生力军，其能力高低直接关系到来华留学生的培养质量、关系到来华留学生教育的可持续发展。对这三支队伍开展系统培训是提高其能力的有效途径，而这离不开相应的经费支持。现阶段，我国已针对来华留学管理干部队伍、来华留学师资进行了相关培训。据有关统计，自 2012 年起，教育部门连续举办了 26 期英语授课师资培训班，培训 1300 余名教师；举办了 18 期全国来华留学干部培训班，培训超过 3000 多名留管干部。而当前，我国开展的师资培训主要面向的是英语授课师资，占据留学生师资主流的中文授课师资并未纳入培训范围。来华留学生教育的特殊性要求中文授课师资亦须具备较强的国际视野和跨文化交流能力以及跨文化教学能力，这些都需要通过系统的专门培训予以提升。此外，来华留学生辅导员队伍建设也提上议事日程。[1] 当前，在全国范围内，针对来华留学生辅导员的专业化、职业化培训尚未启动实施。来华留学生辅导员的职业化、专业化培训是来华留学生辅导员队伍建设的重要保障，打造一支职业化、专业化的来华留学生辅导员队伍是来华留学生辅导员队伍建设的目标。下一步，我国应设立此方面的培训经费，专门面向来华留学生辅导员开展职业化、专业化培训，提高来华留学生辅导员的职业化和专业化能力。通过完善来华留学生教育队伍培训经费分配，加大来华留学生教育三支队伍的培训力度，为来华留学生教育的可持续发展提供人力保障。

（二）增加品牌课程专业建设经费

品牌课程专业建设是来华留学生教育发展的重要内容，是打造“留学中国”品牌的重要渠道，是凝练来华留学生教育竞争力的重要途径。2016 年 4 月，中办、国办印发的

---

[1] 《学校招收和培养国际学生管理办法》第二十五条第二款规定：高等学校应当设置国际学生辅导员岗位，了解国际学生的学习、生活需求，及时做好信息、咨询、文体活动等方面服务工作。国际学生辅导员配备比例不低于中国学生辅导员比例，与中国学生辅导员享有同等待遇。

《关于做好新时期教育对外开放工作的若干意见》中强调“加大品牌专业和品牌课程建设力度”。《加快推进教育现代化实施方案（2018—2022年）》提出“鼓励有条件的高等学校面向来华留学生开设多语种授课课程”。2013年，教育部启动实施来华留学英语授课品牌课程评选工作，对通过评选的来华留学英语授课课程给予一定的经费支持。至今，教育部共开展了两期来华留学英语授课品牌课程评选，每期评选出150门课程。来华留学英语授课品牌课程的评选在推动来华留学英语授课课程建设、提高来华留学英语授课课程教学质量、塑造来华留学英语授课品牌课程等方面发挥了重要的导向作用。但从总体上看，我国在来华留学品牌课程建设方面的经费投入还处于较低水平。教育部开展的品牌课程评选仅限于来华留学英语授课课程，来华留学英语授课专业以及中文授课课程和专业尚不在评选范围之内。来华留学品牌课程专业是“留学中国”品牌的最直接表现形式，是来华留学生教育国际竞争力的最直接展示。进一步加强来华留学品牌课程专业建设既是打造“留学中国”品牌的客观需要，又是来华留学生教育实现可持续发展的必然要求。下一步，我国应从国家层面设立来华留学生教育品牌课程专业建设经费，启动实施来华留学生教育品牌课程专业建设工程，推动建成一大批来华留学生教育品牌课程专业，打造“留学中国”品牌，提高来华留学生教育的国际竞争力。

（三）优化中国政府奖学金、孔子学院奖学金投入

近年来，我国持续加大中国政府奖学金经费投入。中国政府奖学金在提高来华留学生招生质量、招收高层次留学生以及优化来华留学生教育结构等方面发挥了重要的引领作用。党和国家颁布的一系列重要政策文件对如何发挥中国政府奖学金的重要作用均予以明确阐述。《国家中长期教育改革与发展规划纲要（2010—2020年）》提出“保证中国政府奖学金的规模稳定增加，逐步推行奖学金各项内容货币化改革”。教育部等五部门联合印发的《2015—2017年留学工作行动计划》强调“大幅优化中国政府奖学金资助布局与结构”“健全来华留学招生机制，继续推进中国政府奖学金学生与高校双向自主选择的招生模式”“围绕国家发展和‘一带一路’建设，进一步优化和调整中国政府奖学金重点资助方向和专业”“扩大中国政府奖学金招收学历生规模，提高高校招收来华留学生的生源质量与层次”。同时，该文件亦提出了通过实施政府奖学金项目加强来华青年杰出人才培养的相关举措：加强来华青年杰出人才培养，完善来华留学高层次人才培养办法和机制，实施中国政府“卓越奖学金项目”，逐步推动“博士学术精英”和“青年领袖短期访学”等

项活动的开展，为我国外交发展和中国经济“走出去”战略提供人脉资源。《中国教育现代化 2035》提出“发挥政府奖学金作用，改进资助方式和选拔办法，优化留学生就读学科专业结构，提高学历生比重”。《加快推进教育现代化实施方案（2018—2022 年）》则强调“实施来华留学高端人才项目，发挥丝绸之路奖学金等中国政府奖学金的引领作用”。围绕着以上安排和部署，我们需要拓展中国政府奖学金的项目类别、优化和调整重点资助方向和专业、扩大受资助的学历生，尤其是硕博士学历生的比重；同时，基于我国对外交往及来华留学生教育发展的需要，逐步加大中国政府奖学金经费投入，缩小与发达国家在留学生奖学金方面的资源投入差距。在此方面，我们尤其要设立来华留学高端人才“卓越奖学金项目”经费，通过奖学金项目吸引国外更多的优秀学子来华留学，培养造就更多来华留学的杰出人才。

孔子学院奖学金亦是我国政府面向来华留学生设立的另一奖学金。根据原孔子学院总部（2020 年 6 月，“中国国际中文教育基金会”成立，全面负责运行孔子学院品牌）网站显示，截至 2019 年 12 月，全球 162 个国家（地区）建立 541 所孔子学院和 1170 个孔子课堂。作为原孔子学院总部设立的奖学金，孔子学院奖学金在增进中外语言文化交流、推动国际本土化汉语师资培养培训、推进孔子学院建设与发展等方面发挥了显著作用。当前，孔子学院奖学金已形成了涵盖汉语国际教育专业博士、汉语国际教育专业硕士、汉语国际教育专业本科、一学年研修生、一学期研修生、四周研修生、汉办与接收院校合作奖学金等在内的七个类别。值得一提的是，原孔子学院总部实施的“孔子新汉学计划”是旨在培养汉学研究高层次人才的奖学金项目，是当前我国面向来华留学生资助标准较高的一类项目。其中的“来华攻读博士学位项目”和“中外合作培养博士项目”面向非中国籍学生招生，以通过学历教育、课题研究等方式对世界各国优秀青年进行资助。下一步，针对孔子学院奖学金和“孔子新汉学计划”等奖学金项目，我们应拓展其专业涵盖范围和领域，设立更多类别，加强针对当代中国、国际形势、全球治理等领域的资助力度，加大此类奖学金的经费投入力度，形成类别、领域结构合理的孔子学院奖学金体系，发挥孔子学院奖学金在推进来华留学生教育发展中的更大作用。

（四）建立地方政府经费投入机制

当前，我国来华留学生教育的经费投入主要是以中央政府为主、地方政府为辅。与中央政府类似，地方政府的投入以地方政府奖学金为主要形式。近年来，我国北京市、上海市、浙江省、四川省、山东省等省级地方以及成都市、广州市、南京市等市级地方设立了来华留学生政府奖学金。作为中国政府奖学金的有益补充，地方政府奖学金在提升地方影响力、扩大地方来华留学生规模、优化来华留学生区域布局和结构、提高来华留学生生源质量等方面发挥了重要作用。地方和高校是来华留学生教育的办学主体。《2015—2017 年留学工作行动计划》明确提出“深化来华留学管理改革，明确地方教育行政部门和高校招收、培养和管理来华留学生的主体责任与行为规范”。面对我国对外交往及经济社会建设大局，省级地方应将当地的对外交流和经济社会建设与来华留学生教育发展的战略需求紧密对接，在地方来华留学生教育的发展中扮演更重要的角色，发挥更大的作用，承担更大的责任，创设具有地方特色的“留学中国”地方品牌。当前，地方的来华留学生教育经费投入尚限于奖学金方面的投入。下一步，地方政府应基于当地来华留学生教育发展实际，进一步发挥来华留学办学的主体责任，建立起来华留学生教育的政府经费投入机制：一是提高奖学金经费投入的额度，拓宽奖学金的种类，扩大奖学金规模，发挥奖学金在培养来华留学杰出人才的引领作用；二是设立来华留学队伍建设、品牌课程专业建设等方面的经费，推动地方来华留学队伍建设和品牌课程专业建设，为地方来华留学生教育的发展提供经费支撑和保障。

二、建立高校经费投入机制

高校是来华留学生教育的直接办学主体，具体负责来华留学生的招收、培养和管理。作为直接开展来华留学生教育教学的单位，高校应高度重视来华留学工作，应为来华留学生教育的发展提供必要的教育教学条件和经费投入。其中，建立起高校来华留学生教育的经费投入机制在高校的来华留学生教育事业发展中具有极为重要的关键性地位。缺少了一定的经费投入，高校来华留学生教育的发展将受到较大制约，来华留学生教育的质量将很难得到保证。当前，部分高校将来华留学生教育作为经济创收的重要手段，盲目扩大规模，在办学条件上缺乏基本的投入，致使来华留学生培养质量不高，在一定程度上给来华留学生教育的办学声誉造成了不良影响。《2015—2017 年留学工作行动计划》强调“高校要结合学科建设特点和国际化发展的需要，健全留学事业发展经费投入机制”。高校建立起科学合理的经费投入机制为来华留学生教育事业的发展提供稳定的经费来源与支持，是来华留学生教育事业实现可持续发展的重要保障。

（一）建立健全来华留学生教育经费管理制度

《高校招收和培养国际学生管理办法》第六条规定：招收国际学生的学校，应当建立健全国际学生招收、培养、管理和服务制度。其中，关于来华留学生教育的经费管理制度是高校来华留学生管理制度体系中的重要构成。当前，高校来华留学经费来源趋于多元化，既有上级财政拨款，亦有高校划拨的行政事业型经费；既有预算外收入，也有预算内收入。面对来华留学生教育经费来源及类型的多元化，建立健全来华留学生教育经费管理制度势在必行。当前，我国大多数高校的来华留学生教育经费管理参照的是普通经费的管理，未针对来华留学经费建立专门的管理制度。来华留学生教育经费具有不同于普通教育经费的特点，在经费的使用与管理上与普通教育经费具有较大的区别。高校应基于来华留学生教育发展的实际，认真研究来华留学经费的特点，结合上级的有关规定，建立健全来华留学生教育经费管理制度，为来华留学经费的使用与管理提供制度保障。

（二）完善奖学金设立与评审机制

设立奖学金是当前高校在来华留学生教育经费投入中较为普遍的形式，是中国政府奖学金等各类奖学金的重要补充。奖学金的设立增强了高校在来华留学生招生市场中的吸引力，提升了高校的知名度。通过奖学金项目招生，高校扩大了来华留学生规模，优化了来华留学生结构，提高了生源质量。但当前，高校在奖学金的设立与审批方面存在一定的问题：其一，奖学金往往是留学生管理部门单独设立，其他部门参与度低，未经过充分调研论证；其二，奖学金的设立往往从国际化的角度考虑，与高校的学科专业布局、师资队伍建设、人才培养规划等衔接不充分；其三，奖学金审批随意性强，程序不健全，评审机制未有效建立。此外，中国政府奖学金、孔子学院奖学金、孔子新汉学计划以及各类地方政府、企业奖学金等的使用与管理均需要高校建立起相应的奖学金申请与评审机制。下一步，高校应根据国家有关奖学金的相关规定，结合自身实际，完善奖学金的设立与评审机制，推动高校奖学金及各类企业、政府奖学金管理的机制化、规范化建设。

（三）设立来华留学品牌课程专业经费

打造品牌课程专业是高校招收来华留学生的重要渠道，是凝练高校来华留学生教育竞争力的有效途径，是来华留学生教育高校品牌塑造的重要抓手。其中，设立来华留学品牌课程专业建设经费是打造品牌课程专业的基本条件。品牌课程专业需要改善办学条件、购置仪器设备、完善教师薪酬分配等，这些都离不开经费的投入与支撑。当前，我国高校来华留学品牌课程专业建设往往缺乏经费支持，在专业建设方面举步维艰，发展后劲不足。建立起持久的经费投入机制是高校来华留学品牌课程专业建设的根本保障。高校应结合自身的来华留学生教育发展战略与定位，基于学校的学科专业建设布局，认真谋划来华留学品牌课程专业建设，通过设立来华留学品牌课程专业建设经费，建立起持久的经费投入机制，打造若干个来华留学的品牌课程专业，以此增强来华留学生教育的院校竞争力，打造来华留学生教育的院校品牌。

（四）设立来华留学生教育队伍建设经费

来华留学生教育队伍包括来华留学生管理干部、来华留学生辅导员、来华留学生授课师资三个部分。来华留学生教育队伍建设是来华留学生教育可持续发展的基础和保障。作为来华留学生教育的办学主体，高校来华留学生教育队伍建设的成效关系到来华留学生教育的长远发展。但当前，除国家层面上对来华留学生教育管理干部队伍、来华留学英文授课师资进行培训外，全国范围内有关来华留学生辅导员与其他类授课师资的培训尚属空白，大多数院校亦尚未建立起来华留学生教育队伍的培训机制。下一步，除国家层面的培训之外，高校应增强对来华留学生教育队伍建设重要性的认识，通过设立来华留学生教育队伍建设经费，专门面向来华留学生教育队伍开展一般性的涉外礼仪、跨文化沟通技巧、英语语言等培训或者基于来华留学生教育管理干部、来华留学生辅导员、来华留学生教育师资等各自的岗位特点开展有针对性的岗前培训、在职培训等，建立起来华留学生教育队伍建设经费的投入机制，加大对来华留学生教育队伍的培训力度。

三、建立社会资金投入机制

来华留学生教育的长远发展离不开社会力量的支持。下一步，我国应扩大社会资源进入来华留学生教育的途径，多渠道增加来华留学生教育投入。其中，投入资金支持办学是社会力量支持的主要形式之一。社会投入是来华留学生教育投入的重要组成部分。我国对社会力量投入来华留学生教育事业表示了明确的政策支持。2010 年颁布实施的《留学中国计划》强调“鼓励并支持地方政府、高校、企事业单位以及其他社会组织、自然人设立各类来华留学奖学金。构建政府主导、社会参与、主体多元、形式多样的奖学金体系”。《2015—2017 年留学工作行动计划》则明确提出“鼓励社会力量支持留学事业发展”。《学校招收和培养国际学生管理办法》则提出“鼓励企事业单位、社会团体及其他社会组织和个人设立国际学生奖学金，但不得附加不合理条件”。在以上政策文件中，有关社会力量投入来华留学生教育的形式主要表现为奖学金。

（一）鼓励社会力量设立奖学金

奖学金是吸引留学生来华留学的重要手段。在我国当前来华留学生教育奖学金方面的投入尚不能与传统留学目的地国家相提并论的现实状况下，鼓励社会力量设立奖学金是一个较为可行的选择。当前，我国社会力量设立的来华留学奖学金尚处于发展起步阶段，主要表现为个别企业在有关高校设立的奖学金。

（二）鼓励社会力量捐资办学

捐资办学是社会力量投入来华留学生教育的重要形式。我国应鼓励引导企事业单位、社会团体及其他社会组织和个人通过向高校捐资投入来华留学生教育，改善来华留学生教育办学条件，支持来华留学生教育事业发展。相关部门应完善捐资激励机制，在财政、税收、金融和土地等给予企业优惠政策，落实个人教育公益性捐赠支出在所得税税前扣除规定。高校应建立健全社会力量捐资来华留学生教育机制，通过设立来华留学生教育基金的形式接受捐资；同时，加强来华留学生教育基金的管理，确保专款专用，发挥基金的最大效益。

（三）支持社会力量“走出去”出资办学

此处的社会力量出资办学主要指的是企业出资，而且是指企业参与来华留学生教育“走出去”的境外办学。开展境外办学，将来华留学生教育延伸至海外是今后来华留学生教育发展的一个极为重要的战略方向。《关于做好新时期教育对外开放工作的若干意见》强调“通过鼓励高等学校和职业院校配合企业走出去，鼓励社会力量参与境外办学”。

第四章　留学生教育与教育国际化研究

第一节　留学生教育在高等教育国家化进程中的作用

当前，随着经济、科技全球化和网络、信息技术的迅猛发展，国与国之间经济、科技、文化的交流与合作日趋频繁，“国际化”已经成为一个重要的时代特征。作为知识经济时代最为重要的生产要素——掌握现代知识的人——生产者的高等教育事业，其国际化发展水平对高等教育发展本身乃至经济与社会发展的影响都极为深刻，已成为高等教育界普遍关注和探讨的焦点论题。面对现阶段全球范围内的高等教育国际化潮流，如何抓住发展机遇，发挥自身优势，提高国际化水平，已是摆在我国高等教育界的一个紧迫的课题。

一、世界范围内的高等教育国际化潮流

高等教育国际化有着悠久的历史。古代埃及、希腊和阿拉伯时期的“游教”“游学”方式就蕴含着国际化的因素；而中世纪的大学则完全是国际化的机构，地域观念十分淡薄，学生可以在各地大学学习共同的课程，并且相互承认学历；欧美大学在建立的早期也提倡接受国外学生和吸收外国学者，注重国际交流。第二次世界大战以后，世界经济的联系日益紧密，国际政治日趋复杂，高等教育国际化进入新阶段，国际交流的规模急剧扩

大，范围大大扩展，内容和形式得到快速发展，几乎覆盖了全球高等教育的每一个领域，并积极朝着教育产业化的方向发展。以美国、日本、欧盟和澳大利亚等国为代表的发达国家，实施高等教育国际化起步早、时间长、基础好、政策措施得力，在世界范围内占有了得天独厚的优势，普遍取得了比较显著的经济效益和社会效益，形成了良性循环。例如，第二次世界大战结束以后，美国就颁布了《1946 年富布赖特法案》（*Fulbright Act of* 1946）规定将美国出售军火所获外汇用于国际教育交流。从 1973 年起，澳大利亚政府几次修正其对海外留学生的政策，极大地推进了其高等教育的国际化进程，不仅赴澳洲学习的留学生人数迅速增长，而且留学生的结构得到了相应优化。日本于 1983 年提出“21 世纪留学生政策提案”，强调通过教育领域的国际交流，特别是高等教育领域中的留学生交流，提高本国和各国的教育、研究水平，促进国家间的理解和国际关系的和谐发展。

新一轮的高等教育国际化潮流在世界经济一体化、科技全球化以及网络和信息技术飞速发展等现代社会特征的背景下于 20 世纪 90 年代开始；无论是发达国家还是发展中国家都不可避免地卷入这场世纪潮流之中，在全球范围内的影响力无论在深度上还是在广度上都是空前的。世界各国，特别是大国都已制定或抓紧制定面向知识经济时代的发展战略，抢占高科技和产业的制高点，制胜未来。1997 年，美国北依利诺斯大学教育学院 M. 图林教授在北京介绍美国大学国际化的情况时说，目前美国大学国际化问题已成为众所瞩目的问题，现在许多大学已经意识到在当今科学技术日新月异，世界经济相互交织、一体化的情况下，大学必须更加国际化，必须教会学生如何同其他文化背景的人合作。在欧洲，1999 年的波洛尼亚宣言指出，将通过增强欧洲高等教育结构与学位制度的一致性和可比性，来增加欧洲高等教育的吸引力及竞争力。德国、荷兰、挪威等国通过学位制度和课程改革，以灵活多样的方式，吸引更多的国外学生前来学习。法国政府 1999 年设立法兰西教育专署，专门负责推动外国精英留学生在法国留学的措施，简化大学行政程序为大量招收外国留学生服务。近年来，日本政府也开展了面向 21 世纪积极的留学生政策，一方面改善留学生接收体制，综合地推进从赴日之前到回国之后的系统留学生政策，积极改善留学环境；另一方面创建大学国际教育评价体系，使大学具有国际竞争力，从而加强大学对海外青年的吸引力。很多发展中国家也根据各国自身的特点，制定规划，紧跟潮流，以期提高自身的国际化水平。由此可见，全球范围内高等教育国际化所面临的既是机遇又是挑战的形势更加突出。

我国高等教育国际化随着改革开放的形势不断发展，并一直受到党和政府的高度重视。1983 年，邓小平提出“教育要面向现代化，面向世界，面向未来”。1993 年发布的《中国教育与发展纲要》明确提出“进一步扩大对外开放，加强教育交流与合作，大胆吸收和借鉴各国发展和管理教育的成功经验”，并提出加强我国高等学校通过对外高等学校的交流与合作，开展与国外学校或专家联合培养人才、联合开展科学研究的办学方针。20 世纪 90 年代以后，我国政府对大学的改革开放和国际化进程又采取了多方面的推进措施，1995 年和 1998 年先后通过的《中华人民共和国教育法》和《中华人民共和国高等教育法》从法律上保证了高等教育国际化的发展。《国家中长期教育改革和发展规划纲要(2010—2020)》中把“实施留学中国计划，扩大来华留学生规模”列入其中。预计未来 10 年内，来华留学生的规模将在现有的基础上扩大一倍以上。

二、留学生教育在高等教育国际化进程中的作用和地位

高等教育国际化已成为当今世界高等教育发展的一种趋势，是学术理论界普遍关注的一个主题。学术界不断地从理论上对高等教育国际化的历史渊源、内涵、特征、发展动力和推进措施等各个角度进行研究，各种观点见仁见智，但由于它涉及高等教育的方方面面，而且是一个发展的过程，因而给出一个确切的定义并非易事，至今仍是一个边界难以确定的多元概念，各种认识纷呈。但至少我们可以认为，国际化首先是一种目的，国际化的高等教育是一个先进的、开放的、充满活力的体系，是一种近乎理想的教育模式。同时，国际化也是一个过程，是一种在外部动力和内在因素的影响下逐步推进的过程，而这个过程主要是通过教育主体和客体的多种多样的具体活动来实现的。有的学者把高等教育国际化的主要表现归纳为：①大学的门户向国际敞开，不同肤色、不同国籍的学生在同一所大学和睦相处，共同学习；不同国家的学者在同一个讲坛授课，在同一实验室工作，这种现象不仅在发达的欧美国家普遍存在，而且越来越在发展中国家生长。②各国成立了许多国际教育机构以加强与其他国家教育机构的联系与合作，跨国的高等教育组织与机构不断建立和扩展，其活动越来越广泛、深入与频繁。③各国内部的高等教育机构与跨国的高等教育机构之间、高等教育机构与各国政府和国际大企业之间的联系与合作进一步加强。④世界各国大学在管理模式和发展规划上相互借鉴，出现了世界高等学校办学共同点越来越多的现象以及办学理念与办学模式国际化趋同的倾向。⑤国际教育机构之间相互承认学

分，共同培养人才，形成我中有你、你中有我的现象。根据联合国教科文组织于1998年10月在巴黎召开的世界高等教育大会发表的《21世纪的高等教育：展望和行动世界宣言》，高等教育国际化主要有以下特征：①大学教师和学生的国际交流；②设置国际化的课程；③互相承认学历；④积极进行国际学术交流和合作；⑤充分利用现代信息技术达到高等教育资源共享。关于高等教育国际化的内容，有学者概括为：积极发展留学生教育、加强教师交流、多种途径开展学术交流、推进课程国际化、开展教育发展援助、国际合作办学、外语教育等七个方面。也有学者归纳为：教育观念的国际化、师生互换互访等国际交流、国际学术交流与合作研究、教育资源的国际共享等。通过以上内容我们可以看出，留学生教育永远是高等教育国际化的一个重要内涵，其扮演着重要的角色。

作者认为，留学生教育在高等教育国际化中扮演着特殊的角色，它既是国际化的一个主要目的，也是实现国际化的一种重要手段。

说它是主要目的，是由高等教育承担的使命所决定的。从教育学的角度来说，高等教育承担着人才培养、科学研究和社会服务三大使命，而人的因素是最具有活力的决定性因素。有人甚至认为，所谓高等教育国际化，就是加强国际高等教育的交流合作，积极向各国开放国内教育市场，并充分利用国际教育市场，在教育内容、教育方法上适应国际交往和发展的需要，培养有国际意识、国际交往能力、国际竞争能力的人才，高等教育国际化的根本体现就是外国留学生教育。众所周知，留学生的规模是衡量一个国家、一所高校国际化程度的重要标志。西方一些著名大学接受外国留学生的数量普遍较多，在英国，很多大学的外国留学生比例高达30%甚至更多。美国也一样，像波士顿大学留学生占15%，哥伦比亚大学占20%，哈佛大学占17.6%，麻省理工学院占23%（1998—1999学年资料）。来自世界各地的留学生汇集到一起，建立了一种多元文化的、种族多样的人文与学术环境，使不同的文化不断冲突与融合，不同的思维模式得到互补与影响，不同的创新思想得到体现与升华，不同的研究方法得到综合与创新，使大学真正地成为新观念、新思维、新方法的发源地，使高等教育从形式到内容上真正国际化。

留学生教育同时也是实现高等教育国际化的一种重要手段。国际人才市场对人才类型、层次的需求将迫使高等学校对专业、课程设置、留学生的培养质量等方面作出反应。为了培养面向国际的合格人才，高校必须能动地进行教育改革，尽量与国际接轨，提高自身的国际化水平。大量外国留学生的到来，给高校传统的教学管理带来新的冲击和挑战，迫使高校改变观念，学习、借鉴和吸收其他国家成功的经验，深化改革，加快国际化步伐。国内师生通过与留学生的交流，接受来自不同文化的熏陶，提高自身的国际意识。为了解决留学生在教学、科研环节中遇到的问题，教师可以听取各种各样的建议，得到启发，从而优化国际化的教学手段，达到共同提高。留学生本身也是国与国、机构与机构之间开展国际交流的纽带，通过这根纽带，国内高校可以更好地与国外高校、国际机构开展实质性的合作，从而提高自身的国际化水平；留学生毕业以后走向国际社会，利用各种机会，在不同的场所宣传接收国、接收院校的成就，扩大其在国际上的影响。可以说，留学生教育作为一种手段，对于高等教育的方方面面产生了积极的影响，推进了高等教育的国际化进程。

改革开放以来，我国经济社会的大发展以及各高校科学研究和人才培养方面取得的成就为我国的高等教育国际化创造了很好的条件，全球范围的国际化潮流也给我们带来了历史性的机遇。但由于各种原因，我国高等教育国际化所面临的挑战依然严峻。在我们积极探索实现国际化发展的途径时，正确认识留学生教育的作用和地位，具有非常重要的意义。

第二节　留学生专业建设及课程设置的国际化标准研究

加强学历留学生教育，对于促进高校教学改革，培养国际化人才和提高学校国际竞争力具有积极意义；也是高校走向世界，参与国际教育服务贸易竞争的重要组成部分；同时，有利于培养国际友好人士，特别是在政治外交工作中具有特殊的意义。学校要把发展留学生教育、提升教育国际化水平作为学校发展的战略之一。把做好来华留学生教育工作纳入学校工作的全局和发展规划，积极开拓高等教育国际市场，加大宣传高等教育产品的力度，大力吸引留学生，全面提升了学校国际化水平。

一、严把留学生入学标准，确保生源质量

2000 年 5 月，澳大利亚课程组织提出了“全球化课程”这一全新的课程概念。澳大

利亚的大学注重在全球化的大背景下来构建具体的课程体系和课程目标，以此来广招国际学生。同样对于我国要建立教育国际化的市场，必须有科学合理的、与国际接轨的课程体系和教学内容。我国教育部于2007年针对国际留学生教育发展的需要，制定符合实际的医学本科留学生（英语授课）课程计划、课程设置及其基本要求，特别是对入学条件进行了全新的改革，更加符合了国际教育市场的需要。为确保生源质量，一定要严把留学生入学国际标准这一关。

温州医学院从2006年开始成建招收医学学历留学生，已连续三年被教育部列入符合《来华留学生医学本科教育（英语授课）试行质量控制标准及相关规定》的高等学校名单，这为学校医学教育国际化提供了良好的机遇，也为学校进一步开发国际市场，保证招生质量和规模奠定了基础。目前在校留学生有三个年级，共计304名留学生，包括临床医学专业（MBBS）和口腔医学专业（BDS）两个专业，实现了浙江省教育厅提出的省属高校学历留学生数目占学生总人数3%的初期目标。

为了严把来华留学生入学标准，确保生源质量，学校规定了留学生入学条件，明确规定学生必须通过12年级毕业考试，即HSSC（Higher Secondery School）或SSSC（Seniro Secondery School，Senior High School，High School）；或通过剑桥A Level（Advanced Level：Cambridge体系）考试，成绩优秀者方可录取。学生到校后还需组织新生进行入学英语水平测试，淘汰成绩不合格学生。这样做就是从招生开始，就纳入了国际教育的通用体系，保证了生源的质量。

二、明确国际专业标准，实现教育国际化的培养目标

开展留学生学历教育离不开专业设置，专业设置的第一步就是要明确本专业培养的目标。这一目标的提出要基于以本行业国际通用的标准。就医学教育而言，其国际化的目标在于培养谙熟国际医学知识和医学文化的国际型医学人才。这一目标正是基于世界医学教育联合会（WFME）提出“人才培养和师资政策”以及WHO提出“医学生教育基本标准”。

高校专业国际化是专业观念的重大变革，是一个全新的高等教育专业建设理念，是一种新的高等教育课程系统设计思想。高校课程要置于全球化的时代背景下进行整体设计，明确专业建设的国际化本质含义，必须把一国高等教育放到世界体系中加以考察。具体到

课程上，各国高校在建立课程管理的规范、制度等时要以国际标准为依据，这样，各国高校才能参与世界高校课程体系中进行沟通、往来和对话，明确专业建设的国际化本质含义。专业国际化反映了当代各国本专业发展的共同要求。各国专业学科的发展虽有各自的特点，但有共同的规律性。各国各专业学科的发展都受制于社会发展的要求、知识增长的影响和学生发展的需要。需着重指出的是，由于国际性专业学科的发展以促进各国专业学科的发展，不能把专业建设国际化曲解为传播几个发达国家的课程理论与课程思想。同时，要准确把握“专业学科国际化与民族化”的含义，专业学科建设国际化与专业学科民族化问题是国内外专业建设领域面临的两个重大课题。教育部正是在这些国际标准的基础上，结合中国医学高等教育的成功经验，于 2007 年制定了《来华留学生医学本科教育（英语授课）的培养标准》，为我国来华医学留学生的培养确定了总体目标和标准。

三、构建教育国际化的课程体系，严把教学全程质量

实现全球化时代的国际化课程的培养目标，首先应该是课程目标的国际化，而课程目标国际化的达成需选择国际化课程的内容，采用高科技的课程实施方式，以及具有国际通用的课程评估与课程管理制度等，指导构建教育国际化的课程体系。

（一）课程目标

课程目标是培养目标的具体化。培养目标的实现，主要是通过高校所设置的课程而达到的。课程目标的国际化最终促成培养目标的国际化。高校留学生课程目标应以培养国际专业人才的视野，着力于国际素质和活动能力，以期培养未来高级人才。所以，教育目的是以课程为中介实现对受教育者总体质量规格要求。课程目标不仅有助于明确课程与教育目的的衔接关系，明确课程编制工作方向，还有助于课程内容的选择和组织，并可作为课程实施的依据和课程评价的准则。

（二）课程内容

高校要达到国际化的培养目标，其核心是课程内容的国际化。招收本科留学生的学校必须根据教学服务的需要、科学的进步和专业模式的转变，按照国际课程设置的标准，结合我国成功的教学经验和教育标准及其课程设置的基本要求，制订符合学校实际的留学生课程计划，明确课程设置。例如教育部所制定的《来华留学生医学本科教育（英语授课）质量控制标准及相关规定》，规定了医学留学生本科教育的课程计划应包括三个部分：

①中国文化教育课程和自然科学课程，包括中国概况、汉语、医学汉语、数学、物理学、化学、生物学、体育等，要求各门课程考试或考察合格。②基础医学课程，包括行为科学、人文社会科学以及医学伦理学课程，预防医学课程，临床医学课程。③毕业实习，医学本科留学生毕业实习时间为一学年（不少于48周）。

从这些课程的设置可以看出，留学生课程内容的选择上注意课程内容的宽基础性同时注重实践，科学教育内容与人文教育内容并重，课程内容向世界问题开放，以便增加国际视野，增强世界意识并且明确规定了英语作为授课语言。

（三）课程实施

高校留学生课程实施的国际化，主要表现在：一是要以人为本，即始终要明白教学主体地位是学生。教学活动的开展要紧紧围绕学生，围绕学生的发展，充分发挥学生个体的潜能，培养主动性、创造性。教师的作用更主要体现在营造能调动学生学习积极性和主动性的学习氛围，以及在学生构建知识过程中的引导。二是从教学手段上来看，采用国际上通用的电子教学媒体、立体互动式的网络教学。三是从教学方式来看，采取国际学术界比较通用的语言进行教学语言授课是课程国际化的基本要求，温州医学院对临床医学和口腔医学两个专业共计82门课程全部采取英语授课。

（四）课程评价

1998年10月，联合国教科文组织在巴黎召开世界高等教育大会通过了《21世纪的高等教育：设想与行动世界宣言》，重点论述了质量评价，指出评价标准要采用国际承认的、具有国际可比性的质量标准。高校采用国际承认的、具有国际可比较的质量标准，以了解该校在国际教育体系中的位置，寻找差距与对策。教育质量评价的指标体系通常包括课程设置的设计、内容和组织、教与学及其考核、学生的进步和成绩、对学生的支持与指导、学习资源、质量保证与提高六个方面。

（五）课程管理

按照国际惯例，除教学管理外，高校必须足够重视对课程内容选择和评价的管理。课程管理制度必须在国际上具有通用性。课程管理必须有法可依。高等教育在人才培养过程的各个环节中涉及决策，如培养目标的确立、人才的规格、专业课程的设置、内容的编排等，都有一个决策民主化、法制化问题。

四、构建国际教学规范，加强留学生师资队伍的建设

教育国际化标准的引入，使留学生全英语教学成为教学中的难点之一。为了使教师能尽快适应全英语化教学，构建一支结构合理、科学发展的留学生师资队伍，是我们迫在眉睫的任务。对教师教育来说，一是建立国际规范，即落实联合国教科文组织与国际劳工组织向各会员国政府提出的《关于教师地位的倡议》（1966）和《关于高等教育教学人员地位的倡议》（1997），确立教师作为专业人员的社会经济地位，改进职前培养和职后培训，提高教师专业素质；二是建立适合国情但又是国际公认的教师—教学专业标准、教师资格制度等。它反映了在学习国际经验基础上教师专业发展模式的多样化。比如，国际上教师发展已由“师资培训”转向“教师专业学习”、由短期进修转向终身教育、由自上而下的大学教授培训转为校本教研和同事互学等。

特别是在国际化教育的新形势下，构建留学生师资队伍必然要求我们确立科学合理的目标体系，做到思路清晰、方向明确。为此，我们紧紧围绕全面提高教师素质这一中心任务，从以下三个方面开展留学生师资队伍建设。

首先，转变教师的教育思想与观念，从思想上保证师资队伍的建设。学生是教学的主体，教师则是主导。学生主体的不同，决定着教师的教学理念也需要随之变化。外国留学生同中国学生的差异，不仅是简单的语言差异，而是思维模式、行为习惯、生活习性等深层次的不同。所以，教师需要从思想上确立留学生教育的新观念，而非照搬照抄原来中国学生的教育教学模式。如中国学生所习惯的“满堂灌”和比较被动的上课方式就不能很好地适用于留学生教学。因为在留学生课堂上，学生往往不会满足于教师单纯的灌输，课堂氛围也会表现得较为宽松和活跃。学生的这种主动性势必会对教师的学识水平和教学技巧提出更高的要求，更重要的是学生本身给教师教育教学观念所形成的冲击。在这种情况下，教师迫切需要改变原有的教育教学观念，放下教师高高在上的架子，主动改变教育教学方法以适应留学生个性化的学习模式，而不是坐等学生适应自己的教学方式，从而在思想上确立这样一种意识——留学生教学不同于原先习惯的教师单向传输式教学，而是一种师生双向交流的互动教学。此外，教师与学生、学生与学生之间文化背景的差异，也要求教师要从思想上树立“以学生为本”的教育理念，重视学生的个体差异，深入了解各国学生的个性，方能达到“教书育人”的目的。

努力打造教师教学梯队是构建留学生教学师资队伍的核心目标之一。中青年教师作为我们的教学骨干，是我们的重点培养对象。我们在培养一批专业突出、英语见长的青年教师的同时，更应该充分利用好、发挥好年长教师的力量和优势，因为他们教学经验丰富、业务能力精深，这往往是中青年教师难以一时达到的。而年长教师给予中青年教师的指引和帮助，正有助于中青年教师乃至整个教师梯队的培养。同时，努力在教师队伍中发现和培养教学领头人，为我们以后开展教学和科研工作提供人才和智力保证。在此基础上，我们要致力于教师后备队伍和教师人才的引进与培养，因为只有建设一支老中青教师和后备教师互相促进、共同发展的教师队伍，才能确保我们的留学生教师队伍永葆活力、不断前进，也才能确保整个留学生教育的可持续发展。

五、引进国际优质教育资源，加快国际化教材建设

近年来，国外主流大学中正在逐步使用以培养学生探索精神，提高科研能力为目标的教材，先提出设想、实验结果再一步步推到最后结论的教学方法，明显不同于国内先讲结论，然后再讲是怎么证明的方法，它有助于发挥学生的能动性，培养学生的创造性思维与能力。引进新型的教材，也引进相应的新教学思想，弥补我国高校教材所暴露出固有的不足与弊端。所以，推广使用国外原版教材进行教学是教材引进最直接的方式。如何使学生富有想象力地到达学科前沿是高等教育的重要任务，特别是对于来华留学生教育尤为重要，因为这些留学生毕业后要回到世界各地，将成为各个领域的新生力量，承担各类教学科研工作。国外出版的高校教材在主教材之外，一般都配备教学目标、讲义大纲、新版本特点、讨论练习、参考意见、课堂活动建议等资料以及比较完整的教学辅助材料，包括课堂演示文稿、课堂教学光盘、习题解答、题库、学习指南（学生与教师共用）、教学投影胶片、网上资源、教学网页以及针对特殊课程的材料等。当国外这些考虑如此周密、服务如此周到的教材走入我国大学课堂的同时，也促进了新的教材出版思想的形成。它的实质乃是使高等教育在质量上不断地趋向国际规范，接近或符合国际水准。

第三节　提高地方院校国家化水平、促进留学生教育可持续发展

发展留学生教育，培植对我政治上友好、经济上往来、文化上交流的国际友好人士是我国高等院校的一项重要任务，尤其在中国加入世界贸易组织，经济全球化趋势越来越强的当今时代，发展留学生教育显得更为重要。

客观形势也显示，随着我国经济实力日益增强，政治地位不断提升以及由于中国人口众多，其中蕴含巨大的商机，希望与中国交往、了解中国经济和文化的各国人员越来越多，反映在来华旅游的外籍人士持续增长，来华学习的留学生数量不断增加。

高校留学生教育与一个高校本身的国际化水平密切相关。校园国际化的内涵包含管理理念的国际化、学术水平国际化、课程设置的国际化、师资的国际化、评价标准的国际化、管理人员的国际化以及校园氛围的国际化程度等。与国家重点院校相比，地方院校的国际化水平明显处于较低水平，本书拟从高校自身的国际化水平与留学生教育的关系，来探讨地方高校如何通过提升综合实力，提高校园国际化程度，来促进留学生教育的发展。

一、现状及存在问题

（一）国际欠缺化课程

来华留学的学生人数虽在不断增长，但仔细分析一下来华留学生的学习特点，可发现学生选择的学习科目还是以学习汉语为主，时间上以一学期或一年期限为主，进行连续几年学历学习的学生比例还很低，且大多集中在中医、中国美术等其他国家学不到的一些专业学科，在其他国家都有的一些学科领域还鲜有人问津。这一方面反映了具有中国特色的专业是吸引留学生的一个重要因素；另一方面却反映出我国高校尤其是地方高校还缺乏具有竞争力的专业学科，更缺乏以英文授课的专业课程。这在很大程度上限制了留学生教育尤其是学历教育的进一步发展。

（二）师资队伍国际化水平不足

尽管高校近年来纷纷招聘具有海外学习背景的师资，也资助部分教师出国进修学习，但总体而言，高校尤其是地方高校依然缺乏能流利地用英语传授专业课的一批教师，尤其是集中在某一个专业的师资；学术水平与世界先进水平相比尚有一定距离。也缺乏对外汉语教学的优秀队伍，具备对外汉语教师资格证书的教师数量少，缺乏丰富的教学经验；面对不同国家的留学生，教师无法做到各个兼顾，用不同的语言进行解释、回答问题。

（三）教学组织管理和评价标准与留学生教育不符

由于留学生教育的特殊性，目前，大多数高校的留学生教育管理自成一体，没有融入学校常规管理体系中，这种模式虽然有利于对留学生进行比较严格的一体化管理，有助于及时了解掌握留学生的学习状态；但从教学方法的改革、教学内容的更新、教学质量的考核等方面会与学校整体教育脱节，不利于留学生融入中国学生群体，使他们来华留学的目的打上折扣。另外，由于中国教师习惯于传统的教学方法，以灌输式为主，而留学生习惯于互动式的教学，会在课堂上随时提问，使有些教师无法很好地控制教学进度，影响课堂教学的顺利实施。成绩的评定也不能照搬传统的做法，需要按照留学生的学习特点予以改革。

（四）管理人员综合素质有待提高

留学生来自世界各地，有不同的文化背景和风俗习惯，语言也不同，虽然大多能以英语交流，但程度还是有所差异。为了学习和生活，他们需要与不同的人员交流，因此，要组织实施好留学生教育，有一批高素质的留学生管理队伍是非常必要的。但目前高校管理部门除了负责国际交流的部门人员能与留学生交流外，其他如财务、后勤、学生管理等相关部门能直接用英语交流的人员还很少；且在国际交流部门，具有了解不同国家的历史、文化、习俗，能组织留学生开展各种各样的文化活动，具备良好的人际沟通能力，外语表达能力强，能与留学生进行无障碍沟通的高素质管理人员还很缺乏。

（五）留学生管理部门管理职能与服务职能并存

目前的留学生管理部门，无论是留学生办公室、国际学院还是国际交流合作部，大都承担着留学生入学申请、教学管理、生活管理、安全管理等一系列职责，没有按工作性质分工合作。而且由于留学生大多生活在校园内，有很多生活设施的维修、物业管理如水电费缴纳等方面的问题需要与相关管理人员交流、沟通，而其他管理部门尤其是后勤管理部门能用外语与留学生交流的人员很少，因此，留学生的各项事务都落在留学生管理部门身上，使得该部门管理职能和服务职能相互并存，留学生管理人员花费大量的时间和精力在后勤管理和物业管理上，有时还由于无法及时完成而引起误会，造成留学生管理人员与留学生之间的关系不和谐，影响某些管理措施的实施。

（六）校园的国际化氛围不够浓郁

校园内标志、生活设施包括餐厅、医院、运动场所、学生服务中心等各种与学生有关的服务机构名称多是以中文标识，服务人员绝大多数无法与留学生进行有效沟通；加上食物的差异、文化的差异、生活习惯上的差异，一定程度上加剧了留学生的思乡情绪，影响学习。

（七）留学生与中国学生的相对隔离

国外高校由于留学生教育开展的历史很长，已在留学生教育上形成一套很成熟的管理体系，留学生基本上与本国学生享受同样的教学、接受统一的管理、统一参加考核，没有本国学生与留学生的双重标准。而将留学生完全放在与本国学生同等条件下竞争，一起学习，一起活动，这有利于本国学生与各国留学生充分交流，不同文化相互融合，互相取长补短，在共同的学习、生活中建立起深厚的友谊。而在我国学习的留学生往往处于与中国学生生活区分离，教学上分离，管理上分离的状态。由于教学、生活的相对隔离，留学生无法与中国学生充分交流各自的思想和学习，无法获得思想上的共鸣，建立深层的友谊，从而削弱了来华留学的期待，使他们容易觉得孤单；即使找到一些学生成为朋友，也大多局限在生活层面上，无法在学术领域深入交流。

二、多途径提高校园国际化水平，促进留学生教育可持续发展

地方院校的国际化水平尽管难以与国家重点院校相比，在教学设施、设备以及生活设施等方面的条件也显不足，不过，地方院校可通过以下多方面的努力，不断提升自身的国际化水平，为留学生教育提供必要和充分的条件。

（一）树立国际化办学的教学理念，确立培养国际化人才的目标

地方院校为了生存和发展，往往与市场经济有密切的联系，经济发展对人才需求的变化必然迅速反映到学校的人才培养要求中。经济全球化要求高校培养的人才具有国际化的

视野、具有外语交流的能力、具有跨文化交际能力、具有国际前沿的专业知识。为此，各高校纷纷确立了“与国际接轨”的办学理念，提出“培养高素质应用型人才”的培养目标，积极开展来华留学生教育。留学生教育是世界一流大学的普遍特征，是高等教育国际化的重要特征。发展来华留学生教育有利于提高学校在国际上的声誉，使校园文化多元化，为国内学生接触世界不同文化提供机会，提高综合素质和竞争力。

（二）开设国际化课程，吸引世界各国学生

一个高校只有具有与国际接轨的课程，才能吸引留学生来华交流学习。而且为解决留学生学习的语言障碍问题，这些课程还需要以一种大多数国家的学生能接受的语言开设。由于来华留学的学生大多能以英文交流，因此开设以全英文授课的专业课程，甚至开出整个专业的所有全英文课程是一个不错的解决办法，可以避免学生必须先学习汉语，通过汉语四级或六级，才能进入相关专业课程学习的状况，提高留学生来华学习的可能性。与此同时，开设部分汉语课程，让留学生同时学习中国语言，方便他们的生活、沟通，为以后更好地学习、了解中国文化打下基础。

（三）引进、培养一批具有国际视野、具有外语表达能力、具有较强专业水平的师资队伍

地方院校近年来非常重视海归人才的引进，可以在这些人才中选派一些具有全英文授课能力，又具有敬业奉献精神的教师，作为留学生专业课的核心师资。也可以将一些外语水平和学术水平都较强的老师送到合作院校进修一段时间，扩大他们的学术视野，强化他们的语言能力，更新他们的专业知识，从而成为合格的双语人才。还可以通过聘请外教进行校内培训，提高教师的外语表达能力，为留学生的教学储备师资。教师选用时，可打破院系设置，集合全校力量，开设全英文教学的专业课程群。

引进培养一批熟悉中国传统文化内涵，又兼具英语交流能力的对外汉语教学师资队伍。教师只有自身对中国文化有较深的理解和认同，才能在对外汉语教学中将中国语言和中国文化更贴切地介绍给各国留学生，使他们了解中国文化，认同中国文化，进而热爱中国文化。教师同时必须具有一定的英语交流能力，才能使大多数留学生更好地理解中国文字中字字句句所蕴含的深厚的文化内涵。

（四）建立一套适合留学生特点的教学管理和质量评价与监控体系

要努力探索留学生教育与学校其他常规教育接轨的途径和办法，借鉴常规教育中成熟

的管理办法，取长补短，保证留学生教育规范有序地开展。在留学生的教学组织中，可以将英文水平好的中国学生与留学生一起编班，既为留学生提供了与中国学生一起学习的机会，也为中国学生提供了一个与世界不同国家的学生交流学习的机会，有利于培养了解各国文化的国际化人才。

改革传统的以灌输式为主的教学方式为留学生熟悉的启发式教学，课堂上注重师生互动，采用讨论式教学、案例式教学，激发学生的学习积极性。改变传统的比较单一的考核方式，以平时小论文、课堂讨论表现、平时小测试及最后期末测试等多种方式评价学生的学习态度和成绩。

建立教学质量评估、反馈系统，通过与留学生口头交流，进行书面反馈，以及督导听课、教师评教等各个渠道了解每一门课的教学质量，及时将有关情况反馈给任课教师，使老师可以及时调整教学进度、教学难度，以及调整教学方法，使教与学渐趋最优化。

（五）加强条件建设，为留学生学习、生活提供便利

由于留学生教学方式和生活习惯的特殊性，学校应加强硬件建设，在教室设备配置、宿舍生活设施配备等方面考虑他们的特点，予以一定的特殊照顾。学校内的各项设施标示应有中英文双语，便于留学生辨认；学校内小餐馆可配备中英文菜单，方便留学生就餐。

（六）建立一套适合留学生的规章制度，在学籍管理、安全管理、宿舍管理等方面规范留学生的行为，保障留学生的安全

学习借鉴国外成熟的留学生管理程序和管理办法，建立一套适合中国国情的留学生管理制度。在留学生人数达到一定规模时，分离留学生管理中的各项职能，在与留学生相关的部门，尤其是后勤部门，配备必要的具有外语沟通能力的管理人员，使全校相关部门都参与留学生的管理，缓解留学生管理部门大事小事统管的压力。

（七）培养建立一支政治素质高、敬业奉献精神强，既具有外语沟通能力、综合协调能力、组织管理能力，又了解世界不同文化习俗的管理队伍

在处理留学生事务时，要强调“首位责任制”，即首先接待留学生的管理人员必须具备高度的责任心，将留学生需要解决的问题及时递交有关部门，并将处理意见回复等待中的学生。有时事情虽小，但却是影响留学生心情的重要因素，首位责任制可使每项事务都有专人落实，及时解决。

（八）加强校园文化建设，为留学生提供丰富多彩的活动

每一高校都会有各种各样的社团，他们在组织活动时应考虑在校留学生这一特殊群体，组织一些适合中外学生共同参与的活动项目，如青年志愿者活动、各种球赛、歌舞比赛、世界各国文化介绍等，既使留学生融入中国学生中，也使中国学生有机会领略不同的文化和习俗，扩大他们的视野。

地方高校可以通过多种途径提高校园的国际化水平，为留学生教育提供必要的、强大的支撑，只有学校本身的国际化水平发展到了一定的高度，留学生教育才能水到渠成、顺理成章，才能进入可持续发展的阶段。而留学生教育的发展反过来又可以促进学校的教学改革，促进学校对国际化人才的培养，从而进入良性发展的状态。

第五章　留学生教育与现代科技结合发展研究

第一节　基于汉语国际推广背景下的中国文化英语网站群建设的研究

在21世纪经济全球化的大潮中，文化正受到各国政府前所未有的关注，其主要原因在于：其一，随着跨国公司在全球范围内的迅速扩张，外国文化的影响日益加深，制定捍卫和弘扬本国文化的国家战略已成燃眉之急。其二，更多的国家越来越清晰地认识到本国文化与本国发展相互依存的重要性。世界各民族独特的文化传统与历史特性对现实的经济、政治和科技等都有可能产生潜在的推动力量。因此，当代国家力量的衡量已经不再仅仅局限于经济和军事力量，文化也已经从后台走向前台，文化国力已经成为综合国力的重要内容。在这种国际背景下，我国政府近年来已采取了一系列重大的举措，扩大中国文化在国际上的影响。

在新形势下，除了在国际上积极推广汉语以外，如何加强中国文化的宣传，激发更多的外国友人对中国文化产生浓厚的兴趣，进而吸引他们学习汉语和中国文化，是一个值得研究的重要课题。本文将调研与分析关于中国文化的主要英文网站，并就如何在汉语国际推广工作的背景下，利用国际互联网加强中国文化的英语网站群的建设提出具体建议。

一、有关中国文化的英语网站现状的分析

我国目前在中国文化的英语网络宣传方面的工作较薄弱，缺乏关于我国历史、文化、科技、中医、文物、文学、美术等具有国际影响力的大型英语网站。在关于中国文化、中国历史、中国科技史、中国文学的英文网站中几乎都是以美国的大学、学者、媒体为主导。值得一提的是，其他关于中国的英语关键词如“china economy（中国经济）”“china military（中国军事）”等的搜索结果也是以国外的解读为主。

（一）外国关于中国文化的英语网站是一把“双刃剑”

从本文的上述调研中不难发现，许多美国学术机构、学者和大型媒体设立了关于中国历史和文化等网站，其中不乏热爱中国文化的外国人士，他们为宣传中国文化做了辛苦的努力，在扩大中国文化的世界影响力中起了一定积极的作用。但我们同时也应该清醒地认识到，国外一些大型的所谓文化与历史研究项目在解读中国历史、政治与文化时不乏肆意误读与歪曲，如对鸦片战争、八国联军入侵、抗美援朝、中国当代政治等重大事件以及台湾、西藏问题等方面的解释，又如对中国古代四大发明、郑和下西洋等的怀疑。这些误读与歪曲在国际上所造成的负面影响不可小视，典型的是曾一度在我国被屏蔽的美国维基百科（Wikipedia），当然还有 youtube、facebook 等。由此可见，外国关于中国文化的英语网站是一把“双刃剑”。因此，宣传中国文化最好的方法之一是我们自己铸造利剑，即建立中国人宣传自己历史与文化的英语网站群。

（二）国内关于中国文化的英语网站的诸多问题

我国的一些大城市如北京、上海、南京、广州、杭州等大城市相继建立了英文网站，中国的个别的大型英文网站正在逐步形成，如 chinadaily（中国日报）、People's Daily Online（人民日报在线）、china. com（中华网）、chinaculture. org（中国文化网）、上海新闻出版局的 Chinese culture（中国文化网）等。但我们也发现了其中一些突出的问题：

第一，一些网站偏重商务功能，商业气氛过重，或内容侧重新闻与游记等，而对中国历史与文化的宣传力度不够。一些网站重文偏图，大大降低了读者的兴趣。

第二，英语表述不够简洁生动，信息出处不明、语言使用不当，因而容易造成网站的可信度不高。一些网站新闻译文生硬，新闻标题乏味，用词不当，不符合英语语法，如某标题

"The Old Man and the First Made in Guangzhou Cartoon（老人与广州第一部动画片）"，举不胜举。

第三，网站制作人员缺乏英文网页的设计知识，如中英文版混为一站的现象极其普遍；英文字体用宋体（外国友人打开网页时极可能是乱码）；英文排版存在缺陷，如标题不居中，标题的颜色与主页不协调；网站栏目分类及排版凌乱粗糙；一些网站气象栏目仍采用摄氏的表述，而国外英文网站均采用华氏。

第四，文稿缺乏英文概括技巧，很少使用简洁的数据统计方法，如对比表、柱形图、条形图、饼图、折线图等；也没有使用编号、项目符号来概括内容要点。在信息爆炸时代，语言简洁明了应是网站追求的目标之一。

第五，一些网站的内容更新不够，如有一个网站上的中国经济数据只显示至2000年。更有甚者，说中国只有三千年的历史（经考古发现，中国至少有五千年的历史）；有些网站栏目的内容不够完整丰富，如有一网站的"中华民族"栏目，只介绍中国各民族的历史，对各民族的语言、风俗习惯、民间艺术与工艺、今日生活等均无介绍。

第六，网站经营者缺乏搜索引擎优化观念，这也许是我国一些大型的、比较优秀的英语网站无法在谷歌搜索引擎中排名靠前的主要原因之一。搜索引擎优化，是指针对各种搜索引擎的数据检索的特点，让网页设计适合搜索引擎的检索原则，从而获得搜索引擎收录并在搜索结果排名中靠前，使网页优先被用户发现。另外，要在搜索结果排名中靠前，还需要大批其他网站的链接。

综上所述，目前我国在中国文化的英语网络宣传方面仍处弱势，尚需在网站功能与结构、网页设计、网站内容、英语表述、搜索引擎优化观念的树立等方面做较大的改进。

（三）发达国家对外文网站建设的重视

我们注意到了许多发达国家非常注重国际互联网的影响力，在国际互联网上抢占本国文化的宣传市场，建立了在谷歌搜索引擎中排名靠前的英语网站。如搜索"Japanese History"（日本历史），谷歌第一页第一项和第二项均显示日本的"日本指南"（japan-guide. com），显然这是日本的英语门户网站之一，旗下还有"日本论坛"（japanforum. com）和"日本购物"（japan-guide. com）网站。除英文网页外，还有中文简体、中文繁体和韩文网页，全球已有3000多个网站链接了"日本指南"。

搜索"Spanish History"（西班牙历史），谷歌第一页第二项显示西班牙的"是的，西班牙”（sispain. org）。除英文网页外，该网还有法语网页和德语网页，全球已有600多个网站链接了此网站。

英国广播公司（BBC）网站上的新闻可转换成33种文字，设有英国历史栏目，每周推荐一所英国博物馆等。2006世界足球杯（FIFA）举办方德国专门开通了英文、法文、西班牙文、葡萄牙文、中文、日文和韩文的官方网站，并链接了许多关于德国文化、历史、经济、科技等网站。早在2001年2月，日本共同社为了促进中日信息交流等目的，就建立了日本主要媒体中首家中文新闻网站“共同网”（china. kyodo. co. jp）。

在互联网时代，对网络宣传的掌控已是国家文化软实力的重要体现。

二、关于加强中国文化英语网站群建设的建议

中国作为一个文明古国，理应在国际互联网上让世界听见中国人解读其历史与文化的强音。长期让外国学者、教育研究机构和媒体在国际常用的搜索引擎上主导中国文化的宣传，不仅起不到良好的宣传效果，而且有损于中国作为大国的形象。国际互联网是当今世界成本最低、速度最快、功能最强的传播媒体，它能够在一天24小时内不间断地向全球将10多亿网民发布信息。为此，我们建议：

第一，建立高层的中国文化的网络推广机构，以制定、部署中国文化宣传与推广的国家战略和计划，大力推进中国与外国在经济、文化、教育等领域内的合作，其模式可参考英国文化委员会、法国法兰西文化署等国外文化机构。

第二，组织专家组对我国现有的大型英文网站进行评估，选出若干国家重点扶持的网站，提供人力和财力对网站功能、结构、布局与内容等方面进行整改；分期培训全国主要英文网站的技术、制作人员，使我国的主要英文网站符合国际制作标准。

第三，由有关部门联合发文，建议全国高校、涉外机构与企业的英文网页链接国家重点扶持的英文网站，以在国际互联网上形成宣传中国文化的强大阵势，并使国家重点扶持的网站在国际搜索引擎中排名靠前。

第四，利用汉语国际推广、大型国际会议和在谷歌、雅虎、国外电视节目和体育比赛上刊登国家重点扶持的英文网站的广告，提高这些网站的国际知名度。

第五，设立专项资金，以鼓励我国高校、研究机构、学者组建一批具有专业学术水准的关于中国文化的英文网站，如中国历史、中国文化、中国科技史、中国哲学与宗教、中

华民族、中医、中国文学、中国艺术、中国园林与建筑等。

第六，建立面向外国青少年的有关中国文化百科知识的英文网站，以吸引他们对中国文化的兴趣，增进对中国的理解，培养中国人民的未来友好使者。这类网站的设计可语言生动简洁、图文并茂，配有动漫与游戏。

第七，全球使用英语的人数约 10 亿人。因此除英语网站外，我国还应建立关于中国文化的西班牙语、法语、德语、俄语、日语、韩语和周遍国家语种的网站，以在国际互联网上建立持久地展示和宣传中国文化的窗口。

第二节 论对外汉语教学中现代教育技术的有效性

现代教育技术是指以多媒体计算机和互联网通信技术为核心的信息技术，对学习资源和学习过程进行设计、开发、利用、管理和评价的一门教育技术学科。它包括教育技术学的理论基础、媒体与教学、教学资源的开发与应用、教学过程的理论与实践、教学设计与开发、远程教学技术、教学评价技术等内容。近年来被开发引进教学领域的一批现代传播媒体，如幻灯、投影、广播、录音、电影、电视、录像、光盘、电子计算机等硬软件及其相应的组合系统，如语言实验室、多媒体综合教室、视听阅览室、微格教学训练系统、计算机网络系统等，都被统称为现代教学媒体。

高等教育中的“现代教育技术热”影响对外汉语教学领域，各高校的多媒体网络（局域网）教学设备的安装为现代教育技术在对外汉语领域中的运用创造了良好的条件。传统的对外汉语教学特别是初级阶段的教学，教学手段以教科书为重要的教学信息资源，辅助以图表、身体语言，难免有时会枯燥乏味。进行交际性练习时，唯一的交际场训练场就是教室，缺乏真实的言语交际环境。而以多媒体计算机和因特网为基础的现代教育技术给对外汉语教学带来的好处是显而易见的。多媒体有利于创造语言交际的真实环境，把文字、图形、影像、声音、动画以及各类多媒体教学软件等先进的手段引入教学实践中，可以实现模拟现实环境，为言语技能和言语交际能力的训练创造图、文、声、像并茂，丰富多彩的语言环境。而网络则通过链接把丰富的中文课外读物、课外小组、课外活动等提供给中文水平不等的学习者，如中文图书、报纸、杂志、广播、电影、电视等，还可以在网上和中国人交友、向老师提交作业等。

但是，当前现代教育技术在对外汉语教学中的运用情况怎样？对外汉语教育起点不同的高校，他们在运用现代教育技术存在哪些差异？我们从目前现代教育技术在课堂教学中应用的范围来和不同高校实际使用情况两方面来看。

一、目前现代教育技术在课堂教学中应用的范围

首先，我们从对外汉语教学中不同的课型来看课堂教学中现代教育技术的运用。综合课上，教师针对内容做成 PowerPoint（PPT），包括生词展示、语法讲解、句型操练等，既节省了大量板书所浪费的时间，又能把句型、举例等以文字的形式展示出来，对于同音词多、文字有象形意味的汉语来说，留学生在接受信息的质和量上要比之前不用 PPT 好得多；听力课上，从教师以往录音机播放磁带录音的形式，转变为用多媒体播放录音材料或者视听材料，部分教学内容从之前纯粹地听转变为视听，用视觉调动学习者的情绪，这种多通道的输入可以让他们更好地把握信息要点；口语课上，教师就内容在 PPT 中用图片展示语境，进行情景教学，不仅省去了教师口头解释语境的大量周折，而且使学习者有身临其境的感觉，使教学更富有吸引力；阅读课上，教师把阅读材料分解、处理做成 PPT，把难以理解的阅读背景材料用视频或图片的直观形式展现出来，都可以提高对原有纸质阅读材料的利用率；其他如在初级阶段的汉字课上，教师用动画展示笔顺、用图片展示象形文字，在新闻课、报刊课和写作课教师从网络上寻找语言材料等，都是教师根据不同课型的教学要求和教学目的有选择地运用现代教育技术的结果。

其次，从教学内容上来看现代教育技术在课堂教学中的运用。教师针对语音、字词、语法、课文的内容，运用多媒体的不同的信息表达元素来开展教学。语音教学部分的声母教学、韵母教学、声调教学，可以用静图、动画或数字化视频来展现；字词教学部分特别是象形独体字教学、汉字结构教学、汉字部件教学可以用静图和动画的方式来展现；生词教学时可以用文本的形式展示例句、展示词义系统（如同义词、反义词等）来展现；语法教学方面语法引入、语法操练往往用文本或者静图的方式来展现；课文部分，课文导入、课文理解、课文操练大都采用文本或者静图的方式提示信息、突出重点。

最后，从教学环节上看现代教育技术在课堂教学中的运用。在复习旧课的环节中，教

师把上次课的内容做成简短的 PPT，只提示某些重点，不把全部内容列出，学习者可以根据 PPT 上的提示回顾上次课的重点内容；学习新课的环节中，生词学习、课文讲练、重点语法和词汇讲练都可以用 PPT 形式；课堂小结和布置作业环节，用 PPT 比以往教师的板书或口头表达都更加清晰有效。

总的来说，多媒体教学中多以 PPT 的形式，其他形式利用得少一些。PPT 中也以文本和图片为主，其他形式利用得少一些。

二、现代教育技术在不同高校对外汉语教学中运用情况

目前国内高校都很重视现代教育技术的硬件建设，对外汉语多媒体教室越来越多，有的教室还建立了网络教学系统主控室及教学观摩系统。但是，现代教育技术不仅是硬件建设，还包括软件、潜件和人件的建设。对于一些对外汉语教学历史悠久、师资力量强的重点院校，如北京语言大学、厦门大学，学校在对外汉语教学中运用现代教育技术的政策和制度上、教师在应用现代教育技术的观念上和精力的投入上，都和对外汉语教学历史短的高校上有非常大的差别。以北京语言大学为例，除了网络教学系统的建立外，普通的对外汉语教师在教学中普遍能够自觉地运用现代教育技术，不管是哪一种课型。而且在北京语言大学汉语进修学院的国际汉语教师师资培训课程中，也是把“现代教育技术及运用”作为一门课程来看待的，该课程设置对应《国际汉语教师标准》，培训模式采用“基础理论＋教学实践”。在培训班结业之前的模拟课堂上，学员们都能够有意识地利用现代教育技术进行模拟教学。北京语言大学的出版物《多媒体汉字字典》（1997）、《汉语课堂教学示范》（2007）、《汉语多媒体教学课件设计》（2009）都引领时代潮流。其中《汉语课堂教学示范》中的绝大部分示范课堂的教学中都采用了现代教育技术。北京语言大学在培养海内外对外汉语师资、树立其现代教育技术观念方面都起到了很好的示范和推广作用。

目前，“汉语热”持续升温，各地高校纷纷开拓领域招收留学生。那么，在这些对外汉语教学开展历史比较短的普通高校中，现代教育技术在对外汉语课堂中能实现多少？制约其发展的因素是什么？

首先，在对外汉语教学四大环节总体设计、教材编写、课堂教学、语言测试中，现代教育技术目前只在课堂教学中应用得比较多，其他环节尚待进一步有效开发（目前虽有个别多媒体教材，但影响比较小）。在课堂教学中，除了前文提到的一些应用领域外，实际

上还可以在不同课型、不同教学内容和不同教学环节上继续挖掘开拓。比如在听力课教学中，以往的听力课很少布置作业，运用现代教育技术，教师可以让学习者在课后利用网络上的听力资料完成听力作业等。汉字教学中，可以给学生播放一些汉字形体演变的视频资料，让学生对汉字的历史有纵深的了解。在布置作业的教学环节中，可以充分运用网络，比如，教师帮助学生建立班级博客、用 MSN、QQ、E-mail 进行作业交流等。

其次，在现代教育技术的四大环节中，往往重视硬件和软件的建设，而忽视人件与潜件的建设。人件建设的基本目标是使学科教师、学生、技术统筹人员、管理者等都对现代教育技术形成积极的态度，具备基本的数字化教学知识技能，掌握数字化在学习、教学和管理中的应用方式，能够充分利用现代教育技术提高自己的工作成效，促进教学改革。而潜件建设的基本目标是构建现代教育技术对对外汉语教学的思想理论体系，其研究成果可以引领现代教育技术在对外汉语教学中的应用方向，决定汉语教学质量和效果。忽视人件与潜件，就不能形成长效机制，就不能充分调动一线教师运用现代教育技术的积极性。

最后，不同对外汉语教育起点的高校在现代教育技术的运用上存在很大差别，起点低、历史短的高校要在政策制度上支持和鼓励教师运用现代教育技术，从时间上、经费上保证教师对此的投入。

总而言之，如何最大限度地发挥现代教育技术的作用，提高教学的效率，是摆在年轻的对外汉语教育事业和年轻的对外汉语教育工作者面前的一项重要任务。

参考文献

[1]王超，樊星，张伟.探析来华留学生教育质量保障体系问题及对策[J].黑龙江教育(理论与实践)，2022(11):47－49.

[2]马健云.我国来华留学生教育政策的变迁逻辑与发展走向[J].研究生教育研究，2022(3):31－37.

[3]刘涛.从文化差异到文化认同:来华留学生趋同化管理创新策略研究[J].东北师大学报(哲学社会科学版)，2022(3):157－164.

[4]程伟华，张海滨，王英爽，等.新时代来华留学生教育高质量保障体系构建研究[J].高等农业教育，2022(2):15－22.

[5]高菁远，孟淑云.高质量发展高校来华留学生教育，破解我国“一带一路”国际企业人才本土化困局[J].中国管理信息化，2022，25(5):231－234.

[6]赵鑫.来华留学生教育最新进展及政策分析[J].世界教育信息，2021，34(9):22－26.

[7]张芃.我国来华留学生教育的发展趋势研究[J].中国多媒体与网络教学学报(上旬刊)，2021(9):44－46.

[8]杨大伟，高磊.新时期高校发展来华留学研究生教育的困境与举措[J].学位与研究生教育，2021(7):65－70.

[9]杨璐.浅谈来华留学生教育的规模与质量关系[J].侨园，2021(7):102－103.

[10]孙红.来华留学生教育政策的关键特征、成就与前瞻[J].清华大学教育研究，2021，42(3):88－93.

[11]严新锋，陈李红. 新媒体环境下高校来华留学生教育品牌传播研究[J]. 今传媒，2021，29(5):142-144.

[12]夏文斌. 创新中求发展的来华留学生教育[J]. 北京教育(高教)，2020(5):7.

[13]李小红，彭文秋. 改革开放后来华留学生教育发展的三次浪潮[J]. 中国教育科学(中英文)，2020，3(3):106-118.

[14]高舒仪. 来华留学生教育服务质量提升研究[D]. 长沙:长沙理工大学，2020.

[15]汤妩艳. 来华留学生教育治理:困境、模式与出路[J]. 法学论坛，2020，35(1):126-134.

[16]王晓雁. 谈教育国际化背景下的来华留学生教育[J]. 辽宁师专学报(社会科学版)，2019(4):110-112.

[17]宋婷婷. 21世纪以来来华留学生教育发展趋势研究[D]. 昆明:云南大学，2018.

[18]王尧美，谢娜. 高等教育国际化背景下的来华留学生教育[J]. 中国成人教育，2017(24):64-66.

[19]程健维，刘方远. 来华留学生教育发展现状、问题和对策[J]. 当代教育实践与教学研究，2017(7):220-221.

[20]吕耀中，段兴臻. 来华留学生教育服务现状与质量保障策略[J]. 世界教育信息，2016，29(21):62-66.